무릎으로 사는 그리스도인

The Kneeling Christian

무명의 그리스도인 지음 | 이진희 옮김

생명의말씀사

THE KNEELING CHRISTIAN
by An Unknown Christian

Korean Edition published by Word of Life Press, Seoul ⓒ 1981, 1992, 2007, 2023.
All rights reserved.
Printed in Korea.

무릎으로 사는 그리스도인

ⓒ 생명의말씀사 1981, 1992, 2007, 2023

1981년 8월 20일 1판 1쇄 발행
1992년 3월 30일　　 17쇄 발행
1992년 9월 20일 2판 1쇄 발행
2007년 3월 25일　　 64쇄 발행
2007년 11월 1일 3판 1쇄 발행
2022년 2월 28일　　 61쇄 발행
2023년 7월 20일 4판 1쇄 발행
2025년 7월 3일　　 3쇄 발행

펴낸이 l 김창영
펴낸곳 l 생명의말씀사

등록 l 1962. 1. 10. No.300-1962-1
주소 l 서울시 종로구 경희궁1길 6 (03176)
전화 l 02)738-6555(본사) · 02)3159-7979(영업)
팩스 l 02)739-3824(본사) · 080-022-8585(영업)

기획편집 l 태현주, 전보아
디자인 l 박소정
인쇄 l 영진문원
제본 l 보경문화사

ISBN 978-89-04-16839-2(04230)
ISBN 978-89-04-70098-1(세트)

저작권자의 허락없이 이 책의 일부 또는 전체를
무단 복제, 전재, 발췌하면 저작권법에 의해 처벌을 받습니다.

무릎으로
사는
그리스도인

저자 소개

무명의 그리스도인

『무릎으로 사는 그리스도인』(The Kneeling Christian)의 저자 '무명의 그리스도인'(An Unknown Christian)은 도대체 누구일까?

오늘날 사람들은 자신을 나타내기 원하고 또 누구나 그렇게 해야만 한다고 믿고 있는 것 같다. 그러나 이 책의 저자는 자신의 이름을 밝히지 않았다. 왜 그랬을까? 이를 궁금하게 여기는 사람들이 많다.

『무릎으로 사는 그리스도인』은 1981년 우리말로 번역 출판되었다. 그러나 이 책이 입에서 입으로 전달되어 소위 베스트셀러 리스트에 오르기 시작한 것은 1990년대 초부터로 첫 출간으로부터 약 10년 정도의 세월이 걸렸다. 좋은 책은 독자가 안다는 말이 입증된 것이라고 할까.

어쩌면 저자는 자신의 글에 대한 평가를 온전히 하나님과 독자에게 맡겼다고 볼 수 있다. 그의 글을 읽어 보면 곳곳에서 정말 진지하게 하나님을 의뢰하면서 하나님의 영광을 구하는 모습을 발견할 수 있다. 그래서 자신의 이름을 구체적으로 밝히지 않고 '무명의 그리스도인'이라고 함으로써 독자가 아무 선입견 없이 글을 통해 하나님을 만나도록 한 것이 아닌가 하는 생각이 든다.

『무릎으로 사는 그리스도인』의 후속 작품을 찾아 1994년 미국의 여러 도서관과 헌책방을 뒤졌다. 그러다가 어느 유명한 신학대학원의 도서관에서 '무명의 그리스도인'이라는 이름 옆에 저자의 이름이 기록되어 있는 도서 카드를 발견했다. 그리고 뒤이어 그 저자의 이름이 나와 있는 책도 찾았다.

그의 책들을 발굴하여 '무명의 그리스도인 시리즈'로 열 권의 책을 출판하면서 저자의 실명을 밝힐 것인가를 놓고 고민했다. 그러나 우리가 찾은 책들 가운데 한 권을 제외하고는 모두 다 '무명의 그리스도인'으로 표기되어 있었다. 나머지 한 권에도 그의 이름이 겨우 속표지에 소개되어 있을 뿐이었다. 그래서 저자는 실명을 드러내기를 원하지 않는다는 것으로 판단했다.

저서에 저자명을 어떻게 표기하는가 하는 문제는 전적으로 저자의 고유한 권한이다. 많은 사람들이 저자에 대해 궁금해하지만, 본사는 이러한 저자의 인격권을 존중하는 차원에서 '무명의 그리스도인'으로 표기하기로 했다. 어쨌든 그의 책이 많은 사람에게 읽히고 감동을 주고 있으니 저자는 자신의 목적을 달성했다고 여길 것이다.

이름을 드러내지 않으려는 저자의 모습을 통해서 겸손함과 이름 없이 빛도 없이 하나님을 섬기는 자세를 물씬 느낄 수 있다. 저자의 이러한 삶

The
Kneeling
Christian

의 태도가 고스란히 배어 있기에 이 책이 독자에게 한층 더 감동과 여운을 안겨 주는 듯하다.

거의 40년이 넘는 세월 동안 한결같이 베스트셀러로 자리매김할 수 있었던 데에는 이러한 힘이 작용하지 않았나 생각된다.

저자 서문

기도, 하나님의 보물 창고의 열쇠

중국을 여행하던 사람이 성대한 축일을 맞은 어느 이교 사원을 방문하였다. 그곳에서는 많은 사람들이 사당 안에 세운 가증스러운 우상을 숭배하고 있었다.

그는 열광적인 신도들의 대부분이 기도문이 적힌 종이쪽지를 가지고 있는 것에 눈길이 끌렸다. 그들은 그 기도문이 적힌 종이쪽지를 조그만 진흙 덩이로 싸서 우상 앞에 던졌다.

그는 이런 괴이한 행동을 하는 이유를 물어보았다. 만일 작은 진흙 덩이가 신상에 찰싹 달라붙으면 그 기도가 반드시 응답을 받고, 땅에 떨어지면 신에게 기도를 거절당한다는 것이었다.

아마도 우리는 기도 응답 여부를 시험하는 이 특이한 방법을 웃어넘길지도 모른다. 그러나 살아 계신 하나님께 기도하는 절대다수의 그리스도인들이 진정으로 역사하는 기도에 대해 거의 무지하다는 것은 사실이 아닌가? 기도야말로 하나님의 보물 창고 문을 여는 열쇠인데도 말이다.

  영적 생활의 참다운 성장, 이를테면 시험에서의 승리, 역경과 위험 속에서의 확신과 평안함, 엄청난 실망과 손실 앞에서의 영혼의 평온함, 그리고 끊임없이 하나님과 교제할 수 있는 신앙생활 등은 바로 은밀한 기도의 실천에 달려 있다고 해도 과언은 아닐 것이다.

  이 책을 청탁받고 많이 주저한 끝에 글을 쓰게 되었다. 그리고 많은 기도 중에 진행되고 있음을 밝혀 둔다. "항상 기도하고 낙심하지 말아야 할 것"(눅 18:1)을 말씀하신 분이 우리에게 기도하는 법을 가르쳐 주시기를 간절히 바라는 바이다.

contents

저자 소개　4
저자 서문　8

1. 기도의 길로 나아가라　15
하나님이 이상하게 여기시는 것 ｜ 모든 실패의 원인 ｜ 기도회일 뿐인데 뭐 ｜ 우리가 높아지는 때 ｜ 무한한 약속 ｜ 기도를 가르치소서

2. 무엇이든지 원하는 대로 구하라　31
믿기지 않는 약속 ｜ 일곱 번의 명령 ｜ 모든 것이 기도에 의해 좌우된다 ｜ 의무인가, 특권인가? ｜ 오직 기도로만 ｜ 난 10분이면 끝이야 ｜ 무릎 꿇는 시간을 늘리라

3. 구하라 그러면 받으리라　51
후회막심할 일 ｜ 더 큰 일 ｜ 간구의 영이 맺은 열매 ｜ 부흥의 불길 ｜ 축복을 우리 것으로 ｜ 하늘 보물 창고의 열쇠 ｜ 기도하는 하이드 ｜ 주님께 완전히 굴복하라

4. 믿음을 갖고 시험해 보라　75

믿음 없는 기도 ｜ 기드온과 베드로의 시험 ｜ 기도 응답의 확신 ｜ 하나님을 시험한 기도의 사람 ｜ 단순한 믿음, 승리하는 삶 ｜ 어린아이처럼 신뢰하라

5. 기도란 무엇인가?　99

방향이 정해진 소원 ｜ 하나님의 임재 체험하기 ｜ 오직 하나님만을 ｜ 경배와 송축, 찬양과 감사 ｜ 영광의 왕과 함께 ｜ 하나님을 바라보라

6. 어떻게 기도할 것인가?　123

주의 이름으로 ｜ '내 이름으로' 구하라는 의미 ｜ 하나님께 귀 기울이라 ｜ 하나님의 뜻대로 ｜ 내가 무엇을 하리이까?

7. 기도는 힘들게 해야 하는가?   147
짐과 의무 vs 기쁨과 능력 ǀ 할 수 있는 데까지 ǀ 기도의 습관화 ǀ 사탄의 음모 ǀ 예수님의 기도 ǀ 분명하고 지속적인 기도 ǀ 고통 어린 간절한 기도 ǀ 사탄과 씨름하는 기도 ǀ 기도 방법을 정하라

8. 모든 기도가 응답받는가?   177
하나님의 풍성함을 내 소유로 ǀ 하나님의 응답 방법 ǀ 사랑하기에 거절하시는 하나님 ǀ 마음을 다시 살펴보라 ǀ 육체의 가시 ǀ 주님의 뜻을 이루소서

9. 응답받는 기도는 어떠한가?   197
지극히 자연스러운 일 ǀ 기도의 기적 ǀ 쓰임 받기에 합당한 사람 ǀ 정죄함의 굴레에서 벗어나라

The
Kneeling
Christian

10. 어떻게 응답하시는가?   211

방법을 몰라도 ǀ 마음의 계시 ǀ 우리가 기도할 때 ǀ 최선의 것을 주시는 하나님 ǀ 우리가 일해야 한다

11. 무엇이 기도를 막는가?   231

문제는 바로 나 자신 ǀ 기도를 방해하는 장애물 ǀ 온전히 성별하라

12. 누가 기도할 수 있는가?   253

누구에게나 허락된 것인가? ǀ 하나님의 자녀에게만 주어진 특권 ǀ 하나님의 자녀란? ǀ 불신자의 기도도 들으실까? ǀ 일단 부르짖으라 ǀ 전심전력을 다하여 기도하라

기도는 전능하다.
기도는 하나님이 하실 수 있는 일이라면
무엇이든지 가능하게 한다.
우리가 기도할 때, 하나님이 일하신다.

1

God's
Great Need

기도의
길로
나아가라

하나님이 이상하게 여기시는 것

"하나님이 이상히 여기셨다." 매우 충격적인 말이다. 이 대담한 생각에 모든 진지한 그리스도인은 반드시 관심을 가져야 한다. 이상히 여기시는 하나님! 하나님이 '이상히 여기시는 이유'를 알고 있다면 우리가 어찌 놀라지 않겠는가! 그러나 분명 우리는 이 사실을 사소한 것으로 치부해 버리고 있다. 그렇지만 좀 더 신중히 생각해 본다면, 이것이 주 예수 그리스도를 믿는 모든 자에게 가장 중대한 문제 중의 하나임을 알게 될 것이다. 우리의 영적 안녕에 그만큼 중대하고 결정적인 것은 없다.

하나님은 중재자가 없음을 이상히 여기셨다(사 59:16). 그러나 이 사실은 은혜와 진리가 충만하신 주 예수 그리스도께서 오시기 오래전에 있었던 일이다. 즉, 성령을 물 붓듯 부어 주시기 전, 은혜와 능력이 충만하며 우리의 연약함을 도우시며 우리 안에서 우리를 위하여 친히 간구하시는 성

God's
Great Need

령을 부어 주시기 전에 있었던 일이다(롬 8:26). 그렇다. 실로 주님이 기도에 관한 놀라운 약속을 주시기 전, 사람들이 기도가 무엇인지 알기 전, 그들의 눈에 타인의 속죄를 위한 간구보다 자신들의 속죄를 위해 드리는 희생 제사가 더욱 중요하게 보이던 시대에 있었던 일이다.

그러니 오늘날 하나님은 얼마나 이상히 여기실까! 우리 중에 역사하는 기도를 아는 자가 너무나도 적으니 말이다. 저마다 기도의 능력을 믿는다고 고백하고 있지만 진실로 기도의 능력을 믿는 사람은 과연 얼마나 될까?

이제 본론으로 들어가기 전에 독자 여러분에게 간절히 당부한다. 이 책에 있는 것들을 서둘러 읽으려고 하지 말라. 여기 기록된 내용을 받아들이는 방법이 큰 영향을 미치게 된다. 이는 모든 것이 기도에 의해 좌우되기 때문이다.

모든 실패의 원인

왜 수많은 그리스도인들이 그토록 자주 패배하는가? 기도를 너무 적게 하기 때문이다. 왜 수많은 교회 일꾼들이 그토록 자주 용기를 잃고 낙심하는가? 기도를 너무 적게 하기 때문이다.

왜 대부분의 사람들이 그들의 사역을 통해 어둠에서 빛으로 이끌어 내는 영혼이 그토록 적은가? 기도를 너무 적게 하기 때문이다.

왜 우리 교회는 하나님을 향한 뜨거운 불이 타오르지 않는가? 참된 기도가 너무 적기 때문이다.

주 예수님은 오늘도 여전히 능력이 무한하신 분이다. 주 예수님은 여전히 인간들의 구원을 갈망하고 계신다. 그분의 팔이 짧아 구원하지 못하는 것이 아니라, 우리가 더 많이 더 진실하게 기도하지 않기 때문에 그분은 팔을 내미실 수가 없는 것이다.

우리가 분명히 알아야 할 것은 모든 실패의 원인은 은밀한 기도를 하지 않는 데 있다는 사실이다.

하나님이 이사야의 시대에 이상히 여기셨다면, 주님이 육체로 계시던 때에 이상히 여기신 것을 보고도 놀랄 필요가 없다. 주님은 어떤 이들의 불신앙을 이상히 여기셨다. 실제로 그들의 불신앙은 예수님을 그 동리에서 아무 권능도 행하시지 못하게 하였다(막 6:5-6).

여기서 우리는 그와 같은 불신앙의 죄를 지닌 사람들이 예수님으로부터 그분을 기대하거나 신뢰할 만한 아무런 아름다운 것도 발견하지 못했다는 사실을 기억해야 한다. 그러면 오늘날 주님은 얼마나 이상히 여기실까? 주님은 우리 가운데에서 진정으로 주님을 사랑하고 공경하는 사람을 찾으시나 스스로 분발하여 주님을 붙잡는 자가 없는 것이 오늘의 형편이다(사 64:7).

기도회일 뿐인데 뭐

사실 기도하지 않는 그리스도인만큼 이상한 것이 또 어디 있겠는가? 오늘날은 하나님이 그의 영(靈), 곧 간구의 영을 모든 육체에 부어 주신다고 약속하신 말세임을 알리는 증거들이 수없이 많이 있다(욜 2:28). 그럼에도 불구하고 대부분의 그리스도인들은 간구의 의미를 거의 모르고 있다. 또 수많은 교회들은 기도회를 열지 않을 뿐 아니라, 때로는 뻔뻔스럽게도 기도회를 비난하며 심지어는 조롱하기까지 한다.

영국 국교회는 예배와 기도의 중요성을 인식하고 목사로 하여금 매일 아침과 저녁에 교회에서 기도문을 읽도록 하고 있다. 그러나 이것이 시행될 때, 종종 교회는 텅 비어 있지 않은가? 게다가 주마간산식으로 기도를 해치움으로 오히려 진정한 예배를 손상시키고 있지 않은가? 기도서 역시 의미가 없고 불확실하기 그지없다.

옛날처럼 주간 기도회를 열고 있는 교회들은 어떤가? '주간'(weekly) 기도회라는 말보다는 '약한'(weakly) 기도회라는 표현이 오히려 더 적절하지 않을까? 스펄전(Charles H. Spurgeon)은 항상 최소한 1,000-1,200명 이상이 참석하는 기도회를 매주 월요일 밤에 인도했다고 기쁘게 말할 수 있었다.

형제들이여, 기도의 능력을 의심한 적은 없는가? 혹시 주간 기도회를 유지하고 있다 해도 교우 중에 절대다수가 참석하지 않고 있지는 않은가? 아니, 아예 참석할 생각조차 없지 않은가? 왜 그럴까? 누구의 잘못인가?

"기도회일 뿐인데 뭐."라고 하는 말을 얼마나 자주 듣는가? 이 글을 읽는 사람들 가운데 진실로 기도회를 반가워하는 사람이 과연 몇 명이나 될까? 기도회는 기쁨인가, 단지 의무일 뿐인가? 이렇게 많은 질문을 퍼붓고, 오늘날 우리 교회에 나타나는 약점과 통탄할 결함들을 지적하는 것을 용서하기 바란다. 비판하려고 하는 것은 아니다. 정죄하려는 것은 더더욱 아니다. 아무도 그럴 수는 없다. 전에 없이 그리스도인들이 분발하여 하나님을 붙들기를 열망하는 것이다. 그것을 격려하고, 북돋우고, 고양하려는 것이다.

우리가 높아지는 때

무릎을 꿇고 있을 때만큼 우리 자신이 높아지는 때는 없다. 비판이라니? 누가 감히 누구를 비판할 수 있겠는가? 지난날을 돌아보고 자기의 생활 속에 기도가 얼마나 메말라 있었는지 생각해 본다면, 타인을 비판하는 말이 입술에서 연기처럼 사라져 버릴 것이다.

그러나 이제 개인과 교회를 향해 기도를 명령하는 나팔 소리를 울릴 때가 온 줄을 확신한다.

지금 감히 기도의 필요성에 관한 문제를 다루어 보고자 한다. 기도는 신앙생활의 가장 본질적인 부분인데 의문을 단다는 것은 어리석은 일이다. 그럼에도 불구하고 나는 감히 독자들에게 이 문제를 직시해 줄 것을 엄중히 요구한다. 당신은 정말로 기도가 능력이라는 것을 믿는가? 기도가 세상에서 최고의 능력임을 확신하는가? 기도가 세상을 움직이는 하나님의 손을 움직인다고 믿는가?

정말 하나님의 기도 명령에 관심이 있는가? 기도에 관한 하나님의 약속들은 여전히 효력이 있는가? 이런 일련의 질문들을 읽으면서 우리는 "예……예……예."라고 중얼거린다. 이 중의 어느 질문에 대해서도 감히 "아니요."라고 말하지 못한다. 그렇지만…….

주님은 불필요하거나 내가 선택할 수 있는 명령을 주신 적이 있다고 생각해 본 적이 있는가? 주님은 자신이 성취하실 수 없거나 성취하시지 않을 약속을 하신 적이 없음을 분명히 믿는가? 분명한 행동을 요구하신 주님의 3대 명령은 다음과 같다.

기도하라!
행하라!
가라!

우리는 주님께 순종하고 있는가? 오늘날 설교자의 입에서 "행하라!" 하는 주님의 명령이 과연 얼마나 자주 반복되고 있는가? 사람들은 이것이 주님의 유일한 명령이라고 생각할지 모른다. "기도하라!", "가라!" 하는 명령을 거의 생각하지 않는다. 그러나 "기도하라!"라는 명령에 순종하지 않으면 "행하라!", "가라!" 하는 말은 거의 또는 전혀 쓸모없는 말이 되고 만다.

사실 영적 생활과 그리스도인의 사역에 있어서 성공 부족과 실패들은 모두 기도의 결핍이나 부족에 기인하는 것을 쉽게 알 수 있다. 올바르게 기도하지 않으면 올바르게 생활할 수도 없고 올바르게 봉사할 수도 없다. 얼핏 보기에는 엄청나게 과장된 표현 같지만, 성경에 비추어 생각하면 생각할수록 이 말이 사실인 것을 더욱 확신할 수 있다.

이제부터는 성경이 이 신비롭고 놀라운 주제에 대하여 말하고 있는 바를 읽을 때마다, 마치 이전에는 전혀 들어 본 적이 없었던 것처럼 주님의 약속들을 읽으려고 애써야 할 것이다. 그러면 그 결과는 어떻게 되겠는가?

무한한 약속

약 20년 전, 내가 신학대학에서 공부하고 있을 때이다. 어느 이른 아침, 동료 학생 한 명(지금은 영국 최고의 선교사들 중 한 사람이다)이 성경을 손에 펼쳐 들고 방으로 뛰어 들어왔다.

그는 성직을 준비하는 중이었지만 당시에는 그리스도께로 회심한 초신자에 불과했다. 그는 이런 일들에 대해 아무 관심도 없이 대학에 진학했었다. 그리스도께서 그를 찾으실 무렵 그는 인기 있고, 똑똑하고, 운동을 잘해서 친구들 사이에서 인기가 많았다.

그는 예수님을 구주로 영접하고 예수 그리스도의 열렬한 추종자가 되었다. 그에게 있어서 성경은 비교적 새로운 책이었고, 그래서 그는 끊임없이 발견하는 나날을 보냈다.

내 방의 정적을 깨뜨리고 침입했던 그날, 그는 흥분의 도가니에서 희열과 경악이 엇갈리는 얼굴로 이렇게 외쳤다.

"넌 이걸 믿어? 이게 정말 사실이야?"

"뭘 믿는다는 거야?" 나는 놀라움을 가누며 펼쳐진 성경을 쳐다보면서 물어보았다.

"이럴 수가……."

그는 격한 어조로 마태복음 21장 21-22절을 읽었다. "만일 너희가 믿음이 있고 의심하지 아니하면……너희가 기도할 때에 무엇이든지 믿고 구하는 것은 다 받으리라."

"넌 이걸 믿냐고? 이게 진짜란 말이야?"

"그럼, 물론 진짜이지. 믿고 말고." 나는 그의 흥분에 오히려 더 놀라면서 대답했다. 그러나 나의 마음 가운데에는 온갖 생각들이 번뜩이고 있었다.

"정말 놀라운 약속이구나……." 그는 계속 말했다. "이건 완전히 무한해 보이는데! 그럼 왜 우리는 좀 더 기도하려고 하지 않는 거지?" 그는 심각하게 생각하는 나를 두고 나가 버렸다.

나는 이 구절을 그렇게 생각해 본 적이 결코 없었다. 주 예수 그리스도의 열렬한 초년 추종자가 나가고 문이 닫히자, 나는 전에 보지 못했던 나의 구주와 그분의 사랑과 능력을 보게 되었다. 기도 생활에 대한 비전, 즉 오직 믿음과 기도 두 가지에 의해 좌우되는 무한한 능력을 보게 되었던 것이다.

그 순간 나는 전율했고 무릎을 꿇었다. 주님 앞에 엎드러졌을 때, 머릿속에서 쏟아지는 생각들, 내 영혼에 넘쳐 흐르는 희망과 소망들이 감당할 수 없을 정도였다. 하나님이 내게 특별한 방법으로 말씀하셨다. 이는 기도에 대한 엄숙한 부르심이었다. 그러나 부끄럽게도 나는 그 부르심에 주의를 기울이지 않았다.

나는 어디에서 실패했을까? 사실 나는 전보다 조금 더 많이 기도하게 되었지만 별일이 일어나지 않은 것처럼 보였다. 왜 그럴까? 구주께서 성공적인 기도를 하는 사람들의 내적 생활에 요구하시는 높은 수준을 알지 못했기 때문일까? 아니면 고린도전서 13장에 아름답게 묘사된 '완전한 사랑'의 표준을 내 생활이 충족시키지 못했기 때문일까?

기도하겠다는 선한 결심을 행동으로 옮기는 것만이 기도가 아니기 때문이다. 올바른 기도를 하려면 먼저 통회하고 다윗같이 "내 속에 정한 마음을 창조하소서."라고 부르짖어야 한다(시 51:10).

사랑의 사도를 통해 영감으로 주어진 다음 말씀이 오늘날도 그때와 마찬가지로 강조되어야 한다.

"사랑하는 자들아 만일 우리 마음이 우리를 책망할 것이 없으면 하나님 앞에서 담대함을 얻고 무엇이든지 구하는 바를 그에게서 받나니"(요일 3:21-22).

"사실이고 말고. 난 그걸 믿어."

그렇다. 정말로 무한한 약속이다. 하지만 우리는 그것을 얼마나 실현하고 있는가? 또 그리스도께 요구하는 것이 얼마나 되는가? 주님은 우리의 불신앙을 이상히 여기신다. 그러나 우리가 처음처럼 복음서를 읽을 수만 있다면 얼마나 놀라운 책으로 보일까? 우리가 그것을 기이하고 이상히 여기지 않을까?

나는 오늘 이 엄숙한 부르심을 독자 여러분에게 넘겨주고자 한다. 여기에 관심을 기울여 유익을 얻겠는가? 아니면 귀를 막고 기도하지 않는 삶을 계속하겠는가?

기도를 가르치소서

그리스도인들이여, 깨어라! 마귀가 우리의 눈을 멀게 하고 있다. 마귀는 우리로 하여금 기도의 문제를 보지 못하도록 안간힘을 쓰고 있다.

특별히 청탁을 받아 이 글을 쓰고 있는데 청탁을 받은 지 이미 수개월이 지났다. 글을 쓰려고 시도할 때마다 번번이 실패로 돌아가고 지금도 야릇한 저항감을 느끼고 있다. 어딘가 이상한 힘이 내 손을 붙들어 매는 듯하다. 기도만큼 마귀가 두려워하는 것이 없다는 사실을 알고 있는가? 마귀의 최대 관심사는 우리를 기도하지 못하게 하는 것이다.

마귀는 우리가 기도하지 않는다는 조건하에 일에 몰두하도록 도와준다. 마귀는 우리의 기도가 결핍되어 있는 한 아무리 열심 있고 성실한 성경 연구가라 해도 두려워하지 않는다. 누군가가 "사탄은 우리의 수고를 비웃고 우리의 지혜를 조롱한다. 그러나 우리가 기도하면 두려워 떤다."라고 지혜로운 말을 했다.

이와 같은 말들은 모두 우리에게 이미 익숙하다. 그러나 우리는 실제로 기도하는가? 만일 그렇지 않다면 성공할 가능성이 눈앞에 분명히 보인다 하더라도 반드시 실패가 우리의 발걸음을 그림자처럼 따라다닐 것이다.

우리가 하나님이나 사람을 위해 할 수 있는 가장 큰일은 기도하는 일임을 잊지 말자! 그 이유는 기도로 이룰 수 있는 일이 우리의 노력으로 이룰 수 있는 일보다 훨씬 많기 때문이다.

기도는 전능하다. 기도는 하나님이 하실 수 있는 일이라면 무엇이든지 가능하게 한다. 우리가 기도할 때, 하나님이 일하신다. 봉사에서 얻는 모든 열매는 기도의 결과이다. 다시 말하면, 모든 일의 결과는 사역자 자신의 기도나 그를 위해 거룩한 손을 들어 기도하는 사람들의 기도의 소산이다.

우리는 모두 기도하는 방법을 알고 있다. 그러나 우리 중에도 "주여, 우리에게도 기도를 가르쳐 주옵소서."라고 했던 제자들처럼 부르짖어야 할 사람들이 많이 있다.

오, 주여,

길이요, 진리요, 생명이신 당신을 의지하여

당신이 친히 걸으신 기도의 길로

하나님께 나아갑니다.

주여,

우리에게 기도를 가르치소서.

무릎으로 산 위대한 그리스도인

찰스 H. 스펄전 Charles H. Spurgeon 1834-1892

찰스 H. 스펄전

기독교 역사의 한 페이지를 장식하고 있는 위대한 설교자 스펄전은 하나님의 은총과 구원의 복음을 전하는 일에 있어서 누구보다 열정적이었고, 악을 거부하고 진리를 옹호하는 일에는 두려움을 몰랐다. 젊은 시절에 경험한 분명한 회심, 청교도들로부터 물려받은 성경 해석 방법, 천부적인 유머 감각과 맑은 목소리, 적절한 몸놀림은 그로 하여금 듣는 사람의 심금을 울리는 호소력을 지닌 최고의 설교자가 되게 하였다.

그는 또한 누구보다도 기도의 위력을 믿는 사람이었고, 그의 배후에는 항상 기도하는 지원 부대가 있었다. "기도하지 않고 성공했다면 성공한 그것 때문에 망한다.", "마른 눈을 가지고는 천국에 들어가지 못한다."라고 생각하던 그에게는 그야말로 기도가 영혼의 본능이었고 삶의 정취였다. 그의 기도문들은 그 유명한 설교 내용들보다 때로는 더욱 깊이 있고 아름다우며 세월의 벽을 뛰어넘어 우리를 감격하게 하고 박동수를 높인다.

오, 여호와여, 나의 길이 아니라
주님의 길로 이끄소서.
그 길이 아무리 캄캄해 보여도

20대 청년 시절의 스펄전

메트로폴리탄 교회에서
설교하는 스펄전

주님의 오른손으로 친히 나를 인도하시며
나를 위해 길을 골라 주소서.

그 길이 반반하든 거칠든 간에
그것이 최선의 행로일 것입니다.
꾸불꾸불하거나 똑바르거나
결국 그 길은 주님의 안식에로 인도됩니다.
나는 감히 나 자신의 운명을 선택하지 않으오니,
설사 할 수 있다고 해도 그렇게 하지 않겠나이다.

오, 나의 하나님,
주님이 나를 위해 선택해 주소서.
그리하면 내가 곧바로 나아갈 것입니다.
주님이 나의 잔을 취하사
그것을 기쁨이나 슬픔으로 채우소서.
주님이 보시기에 가장 좋으신 대로
좋은 일이든 궂은 일이든 선택하여 주소서.

하나님을 위해 많은 일을 하려면
하나님께 많이 구해야 한다.
우리는 기도하는 사람이 되지 않으면 안 된다.

2

Almost
Incredible
Promises

무엇이든지
원하는 대로
구하라

믿기지 않는 약속

우리가 그리스도와 함께 영광 가운데 서게 될 때 지나간 삶을 회고한다면, 그 삶의 가장 부끄러운 부분은 기도 없는 모습일 것이다. 진정한 중보에 드린 시간이 너무나 없는 것에 놀라서 거의 정신을 잃게 될 것이다. 그때에는 바로 우리가 우리 자신을 이상히 여길 것이다.

주님은 모든 기도 중 가장 놀라운 기도를 하시기 직전 사랑하는 제자들에게 마지막으로 강론하시면서, 자신이 가진 왕의 황금 홀(笏)을 몇 번이고 주장하며 "너희가 무엇을 구하든지 얻을 것이며 나의 온 나라에서도 이루어지리라."라고 하셨다.

이 말씀을 믿는가? 성경을 믿는다면 믿어야 할 것이다. 이 말씀을 단지 주님의 약속 중의 하나로 여기며 조용히 신중하게 여러 번 읽기만 할 것인가? 이전에 이것을 읽어 본 적이 한 번도 없다면 이 약속들이 너무나

Almost
Incredible
Promises

거짓말 같아서 두 눈이 번쩍 뜨일 정도로 놀랄 것이다. 어떤 사람의 입술에서 이런 약속이 나왔다면 절대로 믿을 수 없을 것이다. 그러나 말씀하신 이는 천지의 주재이시다. 또 그분의 생애에서 가장 엄숙한 순간에 하신 것이다. 그 약속은 바로 죽음과 수난 전야에 이루어졌다. 그 약속은 작별의 메시지였다. 이제 들어 보자!

"내가 진실로 진실로 너희에게 이르노니 나를 믿는 자는 내가 하는 일을 그도 할 것이요 또한 그보다 큰일도 하리니 이는 내가 아버지께로 감이라 너희가 내 이름으로 무엇을 구하든지 내가 행하리니 이는 아버지로 하여금 아들로 말미암아 영광을 받으시게 하려 함이라 내 이름으로 무엇이든지 내게 구하면 내가 행하리라"(요 14:12-14).

이보다 더 확실하고 명백한 말씀이 어디 있겠는가? 어떤 약속이 이보다 더 중요하고 더 크겠는가? 그 어느 누가, 언제, 어디서 이런 엄청난 것을 제시한 적이 있었던가?

제자들이 이 말씀에 얼마나 어리둥절했겠는가! 분명히 자신들의 귀를 믿을 수 없었을 것이다. 하지만 이 약속은 제자들뿐 아니라 당신과 나에게도 주어진 것이다.

일곱 번의 명령

이 약속에 대해 제자들이나 우리가 추호의 실수라도 할까 봐 주님은 잠시 후 거듭 말씀하셨다.

> "너희가 내 안에 거하고 내 말이 너희 안에 거하면 무엇이든지 원하는 대로 구하라 그리하면 이루리라 너희가 열매를 많이 맺으면 내 아버지께서 영광을 받으실 것이요 너희는 내 제자가 되리라"(요 15:7-8).

이 말씀이 너무나 중대하고 또 중대하여 구주께서는 세 번이나 거듭 언급하셨음에도 만족하지 못하셨다. 그분은 제자들에게 "구하라."라는 명령에 복종할 것을 촉구하셨다. 사실 주님은 제자들에게 자기의 모든 명령을 지켜 복종하면 '나의 친구'라고 말씀하셨다(요 15:14). 다시 한 번 주님은 자신의 바람을 반복하셨다.

"너희가 나를 택한 것이 아니요 내가 너희를 택하여 세웠나니 이는 너희로 가서 열매를 맺게 하고 또 너희 열매가 항상 있게 하여 내 이름으로 아버지께 무엇을 구하든지 다 받게 하려 함이라"(요 15:16).

이 정도면 주님은 제자들이 기도하기 원하시며, 또 그들의 기도를 필요로 하시고, 기도 없이는 아무 일도 성취할 수 없다고 충분히 이야기하셨다고 생각된다. 그러나 놀랍게도 주님은 다시 그 주제를 꺼내어 똑같은 말씀을 반복하신다.

"그날에는 너희가 아무것도 내게 묻지 아니하리라 내가 진실로 진실로 너희에게 이르노니 너희가 무엇이든지 아버지께 구하는 것을 내 이름으로 주시리라 지금까지는 너희가 내 이름으로 아무것도 구하지 아니하였으나 구하라 그리하면 받으리니 너희 기쁨이 충만하리라"(요 16:23-24).

주님은 어떤 약속이나 명령에 대해 이와 같이 강조하신 적이 없었다. 이같이 진실로 기이한 약속을 여섯 번 이상이나 우리에게 말씀해 주셨다. 주님은 여섯 번이나 "무엇이든지 원하는 대로 구하라."라는 명령을 반복하셨다.

이것은 인간에게 주어진 가장 위대하고 놀라운 약속이다. 그러나 실제로 거의 모든 그리스도인은 이 약속을 무시하고 있다. 그렇지 않은가? 이 엄청난 약속은 우리를 압도할 정도이다. 게다가 우리는 주님이 "우리가 구하거나 생각하는 모든 것에 더 넘치도록 능히 하실 이"(엡 3:20)임을 안다. 그래서 복되신 우리 주님은 자신이 붙잡히시기 전, 결박되시기 전, 채찍을 맞으시기 전, 십자가 위에서 그 자애로운 입술이 닫히시기 전에 최후의 권면을 하신다.

"그날에 너희가 내 이름으로 구할 것이요……아버지께서 친히 너희를 사랑하심이라"(요 16:26-27).

우리는 종종 주님이 십자가 위에서 하신 일곱 마디 말씀을 곰곰이 생각하는 데 많은 시간을 보내곤 한다. 당연히 그렇게 하는 것이 좋다. 그러나 주님이 일곱 번씩이나 "기도하라." 하신 말씀을 묵상하는 데 단 한 시간이라도 들여 본 적이 있는가?

모든 것이 기도에 의해 좌우된다

오늘날 주님은 저 높은 위엄의 보좌에 앉아 권능의 홀을 우리에게 내밀고 계신다. 우리는 그것을 만지며 주님께 우리의 소원을 아뢰어야 하지 않겠는가?

주님은 우리에게 주님의 보화를 취하여 가라고 하신다. 주님은 그분의 영광의 풍성함을 따라 우리에게 허용하심으로 우리의 속사람을 능력으로 강건하게 하기를 갈망하신다(엡 3:16).

주님은 우리의 힘과 결실이 기도에 달려 있다고 말씀하신다. 그분은 우리의 기쁨도 기도의 응답에 있다고 상기시키신다(요 16:24).

그러나 우리는 사탄이 기도를 소홀히 하도록 설득하는 것을 허용하고 있다. 사탄은 기도보다 스스로의 노력으로, 즉 하나님께 탄원하기보다 인간과의 교류로 더 많은 일을 할 수 있다고 믿게 만든다. 주님이 일곱 번이나 하신 권유, 명령이자 약속에 거의 관심을 두지 않는다는 것은 도저히 이해할 수 없는 일이다. 무릎을 많이 꿇지도 않고 어떻게 감히 그리스도를 위해 일할 수 있단 말인가?

최근 어느 열심 있는 그리스도인 일꾼인 주일학교 교사가 "저는 일생 동안 기도 응답을 받아 본 적이 없습니다."라는 편지를 나에게 보냈다. 왜 그럴까? 하나님은 거짓말쟁이이신가? 하나님은 믿을 만한 분이 아니신가? 하나님의 약속은 무용지물인가? 이 글을 읽는 독자들 가운데에도 마음속으로 그 그리스도인 일꾼과 동일한 말을 되뇌는 사람이 많이 있을 것이다.

"하나님을 위해 많은 일을 하려면 하나님께 많이 구해야 한다. 우리는 기도하는 사람이 되지 않으면 안 된다."라고 한 페이슨(Edward Payson)의 말은 옳으며 성경적이다.

기도가 응답되지 않는다면 그것은 전적으로 우리의 잘못이지 하나님의 잘못이 아니다(기도는 항상 응답되나 반드시 그대로 이루어지지는 않는다). 하나님은 기도에 응답하기를 기뻐하시는 분이다. 하나님은 응답해 주겠다는 약속을 우리에게 주셨다.

하나님의 포도원에서 같이 일하는 사람들이여, 우리 주인이 우리가 구하고 또 많이 구하기를 원하시는 것은 확실한 사실이 아닌가? 그분은 우리가 구함으로 하나님께 영광을 돌린다고 말씀하신다. 하나님의 뜻에 어긋나지 않는 한 기도를 못할 이유가 없다. 그리고 우리는 하나님의 뜻이 아닌 것은 원하지 않는다.

우리는 감히 주님의 말씀이 진실하지 못하다고 말할 수 없다. 그러나 웬일인지 그 말씀을 믿는 자는 거의 없다. 무엇이 우리를 붙잡고 있는가? 무엇이 우리의 입술을 봉하는가? 무엇이 기도를 많이 하지 못하게 하는가? 그분의 사랑을 의심하는가? 결코 그렇지 않다! 그분은 우리를 위해 그리고 우리에게 목숨을 주셨다. 아버지의 사랑을 의심하는가? 그렇지 않다.

그리스도께서 제자들에게 기도를 촉구하시면서 "아버지께서 친히 너희를 사랑하심이라"(요 16:27)라고 말씀하셨다.

그분의 능력을 의심하는가? 한순간도 그렇지 않다. 그분은 "하늘과 땅의 모든 권세를 내게 주셨으니 그러므로 너희는 가서……볼지어다 내가……너희와 항상 함께 있으리라"(마 28:18-20)라고 말씀하시지 않았는가? 그분의 지혜를 의심하는가? 그분이 우리를 택하셨음을 불신하는가? 결코 그렇지 않다. 그런데도 그분을 따르는 사람들 가운데 기도를 귀중하게 생각하는 자들은 극히 드물다. 물론 이 말을 부인하려 할 것이다. 하지만 행동은 말보다 더 많은 것을 증명한다.

하나님 시험하기를 두려워하는가? 하나님은 시험해 보라고 하셨다.

"만군의 여호와가 이르노라 너희의 온전한 십일조를 창고에 들여 나의 집에 양식이 있게 하고 그것으로 나를 시험하여 내가 하늘 문을 열고 너희에게 복을 쌓을 곳이 없도록 붓지 아니하나 보라"(말 3:10).

하나님이 우리에게 약속하실 때마다 사도 바울처럼 "하나님을 믿노라"(행 27:25)라고 담대히 말하고 그분이 약속을 지키실 것을 믿자.

이제까지 그렇지 못했다면 오늘부터 기도의 사람이 되지 않겠는가? 좀 더 때가 무르익기까지 미루지 말자. 하나님은 내가 기도하기 원하신다. 사랑하는 주님도 내가 기도하기 원하신다. 그분은 기도를 필요로 하신다. 많은 것, 사실 모든 것이 기도에 의해 좌우된다. 어떻게 감히 기도하지 않을 수 있는가?

의무인가, 특권인가?

각자 무릎을 꿇고 이렇게 물어보자. "이 세상에서 죄인들의 구원을 위해 아무도 나보다 더 뜨겁게, 더 자주 기도하지 않는다면 그들 중에 몇 사람이나 기도로 인해 하나님께 돌아오겠는가?"

하루에 10분이라도 기도하고 있는가? 기도가 그만큼 중요하다고 생각하고 있는가? 하루 10분 무릎을 꿇고 기도하는 그 시간에 천국을 구하여 얻게 된다. 10분? 하나님을 붙잡는 데 들이는 시간으로는 너무 불충분한 것 같다(사 64:7).

또 우리의 생각이 사방팔방으로 떠도는 동안 매일 동일한 내용을 무의미하게 되뇌는 것이 우리가 하는 기도 아닌가?

오늘 아침에 무릎 꿇고 반복했던 기도에 하나님이 응답하신다면 과연 우리는 그 사실을 알 수 있을까? 응답받은 것을 우리가 알아챌 수 있을까? 당신은 무엇을 간구했는지 기억하고 있는가? 하나님은 응답하신다.

이런 것에 대해 하나님은 이미 말씀하셨다. 그분은 믿음으로 하는 참 기도에는 항상 응답하신다.

이 점에 대해 성경이 말하는 바는 다음에 다루기로 하겠다. 지금 우리는 기도에 얼마나 많은 시간을 들이는가를 이야기하고 있다.

"얼마나 자주 기도하십니까?" 이것은 어느 그리스도인 여성에게 주어진 질문이었다.

"하루에 세 차례 합니다. 그러고는 온종일 기도합니다." 얼른 내뱉은 답변이었다.

그러나 이와 같은 사람이 얼마나 많은가? 기도는 나에게 의무에 불과한가, 아니면 즐거움과 참 기쁨에 없어서는 안 되는 특권인가?

영광 중에 계신 그리스도와 그분의 영광의 풍성함을 새롭게 보자. 주님은 그것들을 모두 우리에게 맡겨 주셨다. 자신에게 주어진 하늘과 땅의 모든 권세도 주셨다. 그리고 세상과 세상이 필요로 하는 것을 새로운 시각으로 바라보자(세상이 지금처럼 곤핍한 적이 없었다).

이상한 것은 우리가 적게 기도하는 것이 아니라, 우리 자신과 가정, 우리가 사랑하는 자들, 목사와 교회, 사회와 국가, 그리고 이교도와 이슬람

세계의 필요를 알고 있으면서도 별로 기도하지 않고 금방 일어선다는 것이다. 이 모든 필요는 예수 그리스도 안에서 하나님의 풍성하심에 의해 채워질 수 있다. 사도 바울은 이 점에 관해 의심하지 않았다. 우리도 의심하지 않는다. 그렇다!

"나의 하나님이 그리스도 예수 안에서 영광 가운데 그 풍성한 대로 너희 모든 쓸 것을 채우시리라"(빌 4:19).

그러나 하나님의 풍성함에 참여하려면 반드시 기도해야 한다. 주님은 그분을 부르는 모든 사람에게 부요하시기 때문이다(롬 10:12).
기도가 이처럼 중요하기 때문에 하나님은 우리가 저지를 수 있는 모든 핑계와 반대를 미리 대비해 놓으셨다.
인간은 자기의 약점과 연약함을 항변하거나 기도하는 방법을 모른다고 단언하려 든다. 하나님은 오래전에 인간의 이런 연약함을 예상하셨다. 그래서 사도 바울에게 영감을 주어 다음과 같이 말하게 하셨다.

"이와 같이 성령도 우리의 연약함을 도우시나니 우리는 마땅히 기도할 바를 알지 못하나 오직 성령이 말할 수 없는 탄식으로 우리를 위하여 친히 간구하시느니라 마음을 살피시는 이가 성령의 생각을 아시나니 이는 성령이 하나님의 뜻대로 성도를 위하여 간구하심이니라"(롬 8:26-27).

그렇다. 모든 것이 우리를 위해 예비되어 있다. 그러나 오직 성령만 우리를 분발하여 주님을 붙잡게 하실 수 있다. 성령의 음성에 우리 자신을 복종시키기만 하면, 우리는 자신을 기도에 드려 오로지 기도하는 일에 힘썼던 옛 사도들의 본을 따르게 될 것이다(행 6:4).

오직 기도로만

우리는 안심하고 다음과 같은 결론을 내릴 수 있다. 한 사람이 세상에 미치는 영향력은 그의 웅변으로도, 열성으로도, 정통 교리로도, 힘으로도 평가할 수 없고 오직 기도로만 평가할 수 있다. 그렇다. 더 나아가 인간은 올바른 기도 없이는 올바른 삶을 살 수 없다.

우리는 온종일 그리스도를 위해 일할 수도 있고, 성경 공부에 많은 시간을 바칠 수도 있다. 또한 전도와 인간관계를 무척 열심히, 성실히, 만족스럽게 할 수도 있다. 그러나 이 중 어느 한 가지라도 깊은 기도가 없는 한은 진정한 효력이 없다.

선행을 수없이 해도 모든 선한 일에 열매가 없을 수도 있다(골 1:10). 하나님께 적게 기도하는 것은 하나님을 위해 적게 봉사하는 것이나 다름없다.

많은 은밀한 기도는 많은 공적 능력을 의미한다. 그러나 우리가 세우는 계획은 거의 완벽에 가까운 반면, 기도하고자 하는 필사적인 노력은 거의 전무한 것이 사실 아닌가?

사람들은 부흥이 더디 오는 것을 이상히 여긴다. 부흥을 가로막는 것은 오직 기도의 결핍뿐이다. 모든 부흥은 기도의 결과이다. 때로 사람들은 천사장의 음성을 갈망하기도 한다. 하지만 그리스도의 음성이 우리를 기도하게 하지 않으면 그게 무슨 소용이 있겠는가?

주님이 무한한 약속들을 제시하셨지만 이 약속들을 주장하는 부르짖음이 없다면 그것은 무례한 일이 아닐 수 없다. 이미 우리는 무언가 이루어져야 할 일이 있음을 통감하며, 또 성령이 사람들에게 그리스도의 말씀과 능력을 기억나게 하고 계심을 확신한다.

나의 말로는 사람들에게 기도의 가치와 필요성과 전능함을 설득시킬 수 없다. 그러나 성령 하나님이 그리스도인들에게 기도하지 않는 죄를 깨우치셔서 무릎 꿇게 하시고, 불타는 심정으로 믿음으로 간구하는 간절한 중보 가운데 주야로 하나님께 부르짖도록 만드실 때, 우리는 진정한 기도에 몰두하게 된다. 예수님은 지금도 하늘 영광 중에서 우리를 향하여 손짓하시며 무릎을 꿇고 그분의 풍성하신 은총을 구하라고 하신다.

난 10분이면 끝이야

아무도 타인에게 어느 정도 기도하라고 정해 줄 수는 없다. 또한 하루에 몇 분 혹은 몇 시간씩 기도하겠다는 서약을 하라고 주장할 수도 없다. 물론 성경에서는 "쉬지 말고 기도하라."라고 명령한다. 이것은 분명히 기도의 태도, 즉 한 사람의 삶의 자세를 의미한다.

여기서 기도하는 행동을 구체적으로 살펴보자. 기도하는 시간을 재어 본 적이 있는가? 자신이 기도하는 시간을 재어 본 사람은 놀라고 당황했을 것이다.

수년 전 나는 기도 시간에 대한 질문을 받은 적이 있다. 질문자는 적어도 하루에 한 시간은 기도하는 데 바쳐야 한다고 여기고 있었다. 그래서 그는 날마다 자신의 기도 생활을 조심스럽게 기록해 두었다. 세월이 흐른 후 그는 하나님이 귀히 쓰시는 어느 일꾼을 만났다. 그에게 성공 비결이 무엇이냐고 물었을 때 그는 조용히 "글쎄요, 저는 반드시 하루에 두 시간씩 개인 기도를 한답니다."라고 말했다.

나는 그 당시 해외에서 온 성령 충만한 선교사 한 분을 만났다. 그는 자기의 사역을 통해 하나님이 역사하신 놀라운 사건들을 무척 겸손하게 털어놓았다. 시종일관 하나님께 모든 찬양과 영광을 돌리는 모습을 볼 수 있었다. "저는 때때로 하루에 네 시간을 기도해야 함을 느낍니다."라고 그 선교사는 말하였다.

모든 선교사 중에 가장 위대한 선교사가 온밤을 지새워 기도하셨던 사실을 우리는 기억해야 할 것이다.

왜 기도하셨을까? 우리의 복되신 주님은 단순히 본을 보이려고 기도하신 것은 아니다. 그분은 단지 본을 보이기 위해 일하지 않으셨다. 그분은 기도할 필요가 있었기에 기도하셨다.

완전한 인간인 그분에게 기도가 필수불가결한 것이었는데 하물며 우리에게는 얼마나 기도가 필요하겠는가?

"하루에 네 시간 동안이나 기도를 하다니!"

기독교 사역에 삶 전체를 드리고 있는 어느 의료 선교사 한 분이 놀라서 외친 말이다.

"네 시간? 맙소사! 난 10분이면 끝이야!"

이것은 그래도 솔직하고 용기 있는 고백이다. 비록 안타깝기는 하지만 우리가 그처럼 거짓 없이 털어놓을 수만이라도 있다면 좋겠다.

내 생애에 이런 사람들을 만난 것은 우연이 아니다. 하나님은 그들을 통해 내게 말씀하고 계셨다. 이것은 바로 "인내와 위로의 하나님"(롬 15:5)이 보내시는 또 하나의 기도에의 부르심이었다.

무릎 꿇는 시간을 늘리라

그들의 조용한 메시지가 내 영혼 깊숙이 스며들었을 때, 남들이 흔히 하는 말로 우연히 한 권의 책이 내 손에 들어왔다. 그 책은 존 하이드(John Hyde)의 이야기를 간단명료하게 써 놓은 것이었다.

그 책의 제목은 『기도하는 하이드』(Praying Hyde)이다. 하나님이 세례 요한을 보내어 주님의 초림 길을 예비하셨듯이, 오늘날 이 말세에 기도하는 하이드를 보내어 주님의 재림의 길을 평탄하게 하신 것 같다.

'기도하는 하이드', 얼마나 위대한 이름인가! 이 신기하고 놀라운 기도자의 생애를 읽는 사람마다 "내가 정말 기도한 적이 있는가?"라는 질문을 하게 될 것이다.

나는 다른 사람들도 동일한 질문을 하는 것을 알았다. 놀라운 기도 생활로 유명한 어느 부인이 내게 다음과 같이 편지하였다. "저는 이 책을 다 읽고 나서 제 생애 동안 진정한 기도를 해 본 적이 한 번도 없다고 생각하게 되었습니다."

이 문제는 여기서 그쳐야 하겠다. 하나님 앞에 무릎 꿇고 성령이 우리를 샅샅이 감찰하시도록 허용할 것인가? 우리는 성심성의를 다하고 있는가? 진정으로 하나님의 뜻을 행하기 원하는가? 진정으로 그분의 약속을 믿는가? 만약 그렇다면 하나님 앞에서 무릎 꿇는 시간을 더 늘려야 되지 않겠는가?

그렇다고 하루에 지나치게 많이 기도하겠다고 서약하지는 말라. 다만 많이 기도하겠다고 결심하라. 그러나 기도는 귀중한 것이기에 반드시 자발적으로 해야지 억지로 해서는 안 된다.

주 예수 그리스도에 대한 온 마음의 절대 굴복 없이, 단순히 많이 기도하겠다는 결심과 기도에 대한 염오(厭惡)를 극복하겠다는 결심만 가지고는 지속적으로 기도할 수 없음을 명심해야 한다. 이 단계에 이르지 못했다면, 기도의 사람이 되려면 지금 곧 시작해야 한다.

하나님이 내가 기도하기 원하시고, 당신도 기도하기 원하신다는 것은 너무나도 확실한 사실이다. 문제는 우리가 기도하기 원하느냐이다.

"은혜로우신 구주여, 성령을 충만하게 부어 주시기를 원합니다. 그리하여 우리가 무릎 꿇는 그리스도인이 되게 인도하소서."

네 모든 소원을 하나님께

늘 기도로 아뢰라.

항상 기도하라.

기도하고 낙심하지 말라.

기도하라.

쉬지 말고 기도하라.

무릎으로 산 위대한 그리스도인

존 하이드 John Hyde 1865-1912

존 하이드

기도로 인도 북부 지역에서 기독교 부흥 운동의 기적을 일으켰던 존 하이드는 미국 북장로교 출신 선교사다. 1892년 졸업과 동시에 인도에 파송된 그는 더디기만 한 기도의 길을 몇 년이나 인내하며 걸었고, 1904년 뜻이 맞는 이들과 기도 연합회를 설립한 이래 체계적인 기도 운동을 대대적으로 벌이기 시작했다. 그가 세운 기도실은 한 번도 비워진 적이 없었다. 하이드와 그의 동지들이 밤낮을 가리지 않고 기도하는 일이 꾸준히 반복되었기 때문이다.

이들의 간절한 기도는 결국 하나님의 보좌를 움직였다. 인도인들 가운데 성령이 임하고, 죄를 회개하고 거듭남으로 참 자유의 기쁨을 누리는 역사가 일어났던 것이다. '기도하는 하이드'는 이후로도 뼈와 몸이 녹는 기도를 올리는 일을 게을리하지 않았고, 한 집회에서는 "오, 하늘에 계신 아버지여."라는 단 몇 마디의 문구로 청중 가운데 놀라운 성령의 역사가 임하도록 인도하기도 했다.

부흥을 염원하는 그의 뜨거운 중보 기도가 일으킨 불길은 계속해서 주변 지역으로 확산되어 갔다. 때로는 성령의 역사가 너무 강해 기도회를 해산시킬 수 없을 지경에 이르기도 했다.

1905년 펀자브주 시알코트에서 일어난 이 부흥의 해일은 1910년까지 이어지며 기적과 같은 결실들을 이끌어 내었다.

하이드가 사역할 당시의 펀자브 지방

펀자브주 시알코트 풍경

하이드는 보통 기도할 때 얼굴을 땅에 대고 했다. 그의 기도 방식은 소박하게 간구의 말을 읊조리고는 가만히 기다리기를 반복하는 것이었다. 자신의 간구가 자기 존재 자체에 속속들이 스며들 때까지, 하나님이 기도를 들으시고 분명히 응답하실 거라고 확신할 때까지 그는 간구하고 기다리기를 거듭하였다.
그가 기도하는 모습을 목격한 이들은 이렇게 증언한다.

나는 그가 "우리가 입을 크게 열면 그가 채우시리라"(시 81:10 참조)라고 기도하던 것을 생생하게 기억한다. '크게', '주여', '크게', '크게 열면'이라는 말 사이사이에 긴 간격을 두어 수십 차례 반복했던 것도 생각난다. 그가 "오, 아버지여, 아버지여." 하며 하나님을 부르는 것을 듣는 것만으로도 얼마나 충만했는지!

하나님의 광대한 창고는 복으로 가득 차 있다.
오직 기도만이 그 창고를 열 수 있다.
기도는 열쇠이며, 믿음은 그 열쇠를 돌려
문을 여는 일과 복을 찾아오는 역할을 한다.

3

Ask of Me
and I
Will Give

구하라
그러면
받으리라

후회막심할 일

하나님은 내가 기도하기를, 더 많이 기도하기를 원하신다. 그 이유는 영적인 일의 성공은 모두 기도에 달려 있기 때문이다.

기도하지 않는 전도자는 노력의 결과를 혹시 얻는다 해도, 그것은 누군가가 어디서 그를 위해 기도하고 있기 때문일 것이다. 따라서 그 열매는 전도자의 것이 아니라 기도하는 사람의 것이다.

주님이 각 사람에게 그 행한 대로 보응하실 때(롬 2:6), 우리 전도자들 가운데 일부는 얼마나 당황하겠는가?

"주님! 저 사람들은 제가 전도한 사람들이 아닙니까! 수많은 사람들을 양 우리 안으로 불러들인 이 사역은 바로 제가 주도한 것입니다." 그렇다. 내가 전도하고, 내가 주도하고, 내가 설득했다. 그렇지만 기도한 것도 과연 나인가?

Ask of Me
and I
Will Give

모든 회심자는 어떤 신자의 기도에 대한 응답으로 성령이 간구하신 결과이다.

"하나님, 이런 당황스러운 일이 우리에게 임하지 않기를 원합니다. 주여, 기도하도록 가르쳐 주소서."

우리는 이미 하나님이 그분의 자녀들에게 기도하라고 애타게 요청하시는 것을 보았다. 그 기도의 요청을 어떻게 취급하고 있는가? 사도 바울과 같이 "하늘에서 보이신 것을 내가 거스르지 아니하고"(행 26:19)라고 자신 있게 말할 수 있는가?

다시 말하건대, 장차 하늘나라에 가서 후회할 일이 있다면 그중에 가장 후회막심할 일은 이 땅에서 살 동안 진실한 기도를 너무 적게 했다는 점일 것이다.

기도의 영역을 생각해 보라!

"내게 구하라 내가 이방 나라를 네 유업으로 주리니 네 소유가 땅끝까지 이르리로다"(시 2:8).

그러나 많은 사람들은 자기 생활의 사소한 일들 하나조차 하나님 앞에 안고 나오는 것을 수고스럽게 생각한다. 또 열 명 중 아홉 명의 그리스도인들은 불신자를 위해 기도할 생각도 하지 않는다!

그리스도인들이 기도를 좋아하지 않는 것에 놀라지 않을 수 없다. 아마 그들이 기도 응답을 한 번도 체험해 보지 못했거나 그런 것을 들어 본 적이 없기 때문일 것이다.

본 장에서는 불가능한 것을 시도해 보기로 한다. 여기서 불가능한 것이란 무엇을 의미하는가? 나는 기도의 능력이 모든 독자의 마음과 양심에 깊이 새겨지기를 갈망한다. 이런 시도를 감히 '불가능한 것'이라고 묘사해 본다. 왜냐하면 주님의 약속과 명령을 믿지도 않고, 거기에 따라 행하지도 않는 사람이 인간의 권면으로 설득될 것을 기대할 수 없기 때문이다.

더 큰 일

예수님이 제자들에게 말씀하실 때 "내가 아버지 안에 거하고 아버지께서 내 안에 계신 것을 믿느냐?"라고 질문하신 것을 기억하고 있는가? 예수님은 그때 이렇게 덧붙이셨다.

"내가 아버지 안에 거하고 아버지께서 내 안에 계심을 믿으라 그렇지 못하겠거든 행하는 그 일로 말미암아 나를 믿으라"(요 14:11).

이 말씀은 "나의 인격과 거룩한 생활과 놀라운 말을 통해 나를 믿지 못한다면, 내가 행한 일을 보라. 정녕 이 일을 보면 믿지 않을 수 없을 것이다. 내가 행한 일로 인하여 나를 믿으라."라는 의미이다.

그리고 나서 예수님은 "만일 그들이 믿는다면 이보다 더 큰 일을 할 것이다."라고 약속하셨다. 기도에 대한 여섯 가지 놀라운 약속 중의 첫째 약속은 이 말씀 다음에 주신 것이다. 따라서 '더 큰 일'이란 분명히 기도의 결과로만 이루어질 수 있는 일이라고 추론할 수 있다.

제자가 스승의 방법을 따르는 것이 마땅하지 않을까? 동역자들이여, 기도에 관한 주님의 약속들을 도저히 납득할 수 없거나 신뢰할 수 없다면 바로 행하는 그 일로 말미암아 믿지 않겠는가? 이 말은 오늘날 주님의 종들이 행하는 더 큰 일, 즉 기도의 협력을 통하여 예수님이 행하시는 일들을 보고 믿으라는 말이다.

무엇을 얻으려고 애쓰는가? 도대체 인생의 진정한 목표는 무엇인가? 무엇보다도 우리는 주님의 일에 풍성한 열매를 맺기를 간절히 바라고 있다. 지위나 명예나 권세를 구하기보다는 다만 열매 맺는 종들이 되기 원한다.

그렇다면 반드시 많이 기도해야 한다. 하나님은 우리의 전도를 통해서보다 우리의 기도를 통해서 더 많은 일을 하실 수 있다.

고든(Adoniram J. Gordon)은 "기도한 후에는 기도하는 것보다 더 큰 일을 할 수 있다. 그러나 기도하기까지는 결코 기도하는 것보다 더 큰 일을 할 수 없다."라고 했다. 사람들이 이 말을 믿는다면 얼마나 좋을까!

인도에서 한 부인이 생활과 사역에 모두 실패하여 의기소침해져 있었다. 그녀는 헌신적인 선교사였지만 웬일인지 한 사람의 회심자도 얻지 못했다. 성령이 그녀에게 "더 많이 기도하라."라고 말씀하시는 것 같았다. 그러나 그녀는 얼마 동안 성령의 그 요구를 거절했다.

그녀는 다음과 같이 말했다. "결국 저는 기도하기 위해 많은 시간을 따로 떼어놓았어요. 저는 동역자들이 저에게 직무를 태만히 한다고 불평하지나 않을까 하는 두려움이 있었죠. 그런데 몇 주 후에 그리스도를 구주로 받아들이는 회심자들을 보게 되었습니다. 게다가 전 지역이 순식간에 각성하고, 모든 선교사의 사역도 전에 없는 축복을 받았어요. 제가 6년간 이룬 것보다 더 큰 일을 하나님은 단 6개월 만에 행하셨답니다." 그리고 그녀는 "아무도 저에게 직무를 태만히 한다고 비난하지 않았습니다."라고 덧붙였다.

역시 인도의 한 여자 선교사도 동일한 기도의 부르심을 느꼈다. 그녀는 기도에 많은 시간을 들이기 시작했다. 외부로부터는 아무런 반대도 없었으나 안에서 반대가 일어났다. 그러나 그 선교사는 굳게 밀고 나가 2년 만에 여섯 갑절의 세례 교인을 얻었다.

하나님은 만민에게 은혜와 간구의 영을 부어 주시기로 약속하셨다(욜 2:28). 그 간구의 영이 얼마나 우리의 것이 되었는가? 우리는 어떤 희생을 치르더라도 그 영을 받아야 한다. 그러나 간구에 시간을 바치지 않는다면 하나님은 부득불 성령을 주실 수 없게 되고, 우리는 성령을 거역하는 무리에 속하게 된다. 뿐만 아니라 성령을 소멸하는 자가 될 수도 있다. 주님은 구하는 자에게 성령을 주겠다고 약속하시지 않았는가?(눅 11:13)

간구의 영이 맺은 열매

이교국에서 회심한 사람들이 오히려 우리를 부끄럽게 하고 있지 않은가? 몇 년 전 내가 인도에 있었을 때, 판디타 라마바이(Pandita Ramabai)의 사역 중 일부를 볼 수 있는 축복을 얻었다. 그녀는 1,500명의 힌두인 소녀들을 수용하는 기숙사 학교를 경영하고 있었다.

어느 날 몇몇 소녀들이 성경을 가지고 와서 한 부인 선교사에게 누가복음 12장 49절의 의미를 물었다.

"내가 불을 땅에 던지러 왔노니 이 불이 이미 붙었으면 내가 무엇을 원하리요"(눅 12:49).

그 선교사는 이 말씀이 무엇을 의미하는지 자신이 없어서 대충 얼버무려 돌려보내려고 했다.

그러나 소녀들은 만족할 수 없어서 여기서 말하는 '불'이 무엇인지 알기 위해 기도하기로 했다. 그들이 기도할 때(기도했기 때문에), 바로 그 하늘의 불이 그들의 영혼에 들어왔다. 위로부터 또 한 차례의 오순절이 그들에게 강림하였던 것이다. 그들이 계속 기도한 것은 당연한 일이었다.

하나님으로부터 '간구의 영'을 받은 이 소녀들 중 일부가 내가 몇 주간 묵고 있던 선교관에 찾아왔다. 그들은 "이 마을에서 함께 머물며 선교사님의 사역을 위해 기도해 드려도 될까요?" 하고 물었다. 선교사는 그들의 의도를 기꺼이 받아들이려 하지 않았다. 그가 말하기를, 학생들은 학교에 있어야 하고 마을에 돌아다니면 안 된다는 것이었다.

그러나 소녀들은 거실도 좋고 창고도 좋으니 제발 기도할 수 있는 장소만 제공해 달라고 간청했다(우리는 모두 이렇게 우리를 대신해서 드리는 기도를 소중히 여긴다). 마침내 그 부탁을 허락하였고, 선교사는 생각에 잠겨 저녁 식탁 앞에 앉았다.

밤이 깊어졌을 때, 한 인도인 목사가 찾아왔다. 그는 완전히 깨어진 상태였다. 그는 눈물을 흘리며 하나님의 성령이 그의 죄를 깨우쳐 주셨는데 와서 그의 잘못된 행위를 공개적으로 자백하지 않고서는 견딜 수 없었다고 설명했다. 그를 따라 그리스도인들이 하나씩 자신이 죄인임을 깊이 깨닫고 통회하며 자복하기 시작했다.

놀랄 만한 축복의 때가 이루어졌다. 타락한 자들이 돌아오고, 신자들이 성별되고, 이교도들이 신자가 되었다. 이 모든 현상은 오로지 소수의 어린 소녀들이 기도했기 때문에 일어난 것이었다.

하나님은 사람을 차별하지 않으신다. 누구든지 하나님의 조건을 채우려 하면 하나님은 그 약속들을 확실하게 성취시켜 주신다. 하나님의 놀라운 능력을 들을 때, 간구함으로써 그 능력이 우리의 것이 된다고 할 때, 마음이 불같이 타오르지 않는가?

여기에는 조건이 있다. 그러나 당신과 나는 그리스도를 통해 이 조건을 충족시킬 수 있다. 인도나 해외의 다른 선교지에서 하나님의 일을 할 특권을 갖지 못한 자들도 우리와 동일한 축복을 받는 데 동참할 수 있다.

영국 웨일스의 부흥이 절정에 달했을 때, 한 웨일스인 선교사가 인도에서도 그와 같은 부흥 운동이 일어나도록 기도해 달라는 편지를 고국에 보냈다. 이 소식을 듣고 광부들이 해외의 동지들을 위해 새벽마다 30분씩 갱 입구에서 기도회를 가졌다. 그리고 몇 주가 지난 후 반가운 메시지가 고국에 전달되었다. 축복이 이루어졌다는 것이었다.

우리의 기도로 인도, 아프리카, 중국, 어디든지 축복의 소나기가 쏟아지는 것을 볼 때, 어찌 장한 일이라 하지 않겠는가?

부흥의 불길

1907년, 기도 응답으로 하나님이 한국에 베풀어 주신 놀라운 역사를 기억할 것이다.

몇 명의 선교사가 매일 정오에 모여 기도하기로 하였다. 한 달이 다 되었을 때, 한 형제가 보다시피 아무 변화가 없으니 기도회를 중단하는 수밖에 없다고 제의했다. 그러고는 각자 편의에 따라 가정에서 기도하자고 했다.

그러나 다른 이들은 오히려 매일 더 많은 시간을 내어 기도해야 한다고 항변하였다. 그리하여 4개월간 기도회를 계속했는데 갑자기 축복이 쏟아지기 시작했다.

여기저기서 교회의 예배가 죄를 통회하며 자복하는 일로 중단되었다. 드디어 강력한 부흥의 불길이 일게 되었다. 한 곳에서는 주일 저녁 예배 때, 교회의 한 지도자가 일어서더니 어떤 미망인의 유산을 관리하면서 상당한 액수를 절취한 사실을 자백했다.

죄에 대한 통회가 즉시 청중을 휩쓸었다. 그날 저녁 예배는 월요일 새벽 2시까지 그칠 줄을 몰랐다. 전례 없는 하나님의 놀라운 능력의 역사였다. 교회가 정결하게 되자 수많은 죄인들이 구원을 받았다.

무리가 호기심 가운데 떼를 지어 교회로 몰려들었다. 어떤 이들은 조롱하러 왔다가 두려움에 사로잡혀 기도하게 되었다. 호기심을 가진 자 중에 도적 두목이 있었는데, 그는 강도단의 우두머리로서 그곳에 왔다가 통회하고 회개했다. 그는 즉시 경찰서를 찾아가 자신의 정체를 폭로했다. 놀란 경찰관은 "아무도 자네를 고소하지 않았는데 스스로 자기를 고소하다니! 우리 나라에는 자네와 같은 경우를 다룰 법이 없네." 하고는 그를 풀어 주었다.

선교사 중에 한 분이 이런 말을 했다. "수개월 동안 기도드린 것에 대한 대가를 충분히 받았습니다. 하나님이 성령을 주심으로 우리 모두가 반년 동안 할 수 있는 일보다 더 큰 일을 한나절에 이루어 놓으셨으니 말입니다."

2개월도 채 못 되어 2,000여 명의 불신자가 개종하였다. 그 개종자들의 불타는 열심은 세간의 말거리가 되었다. 더러는 교회 건축을 위해 모든 소유를 바치고도 더 바치지 못해 안타까워하며 눈물을 흘렸다. 그들이 기도의 능력을 깨달았음은 말할 나위도 없다. 회심자들은 '간구의 영'으로 세례를 받았다.

어느 교회에서는 매일 새벽 4시 30분에 기도회를 갖겠다고 발표했다. 그러자 첫날 새벽, 기도에 갈급하여 무려 400명의 신도들이 정해진 시간보다 훨씬 전부터 붐볐다. 며칠 계속되자 모인 사람의 수가 급속히 증가하여 600명 선을 돌파했고, 서울에서는 평균 1,100명이 주간 기도회에 참석했다.

불신자들은 도대체 무슨 일이 일어났는가 하여 보러 나왔다가 경이에 찬 음성으로 "살아 계신 하나님이 여기 계시다!" 하고 외쳤다. 그 불신자들은 많은 그리스도인들이 보지 못하는 것을 보았던 것이다. 그리스도께서는 이렇게 말씀하시지 않았는가?

"두세 사람이 내 이름으로 모인 곳에는 나도 그들 중에 있느니라"(마 18:20).

한국에서 가능한 것은 여기서도 가능하다. 하나님은 민족을 편애하지 않으신다. 하나님은 우리에게 복 주기를 갈망하시며 우리에게 성령을 부어 주기를 갈망하신다.

축복을 우리 것으로

자, 우리가 이곳 소위 기독교 국가에서 기도 응답을, 다시 말해 주님의 약속들을 정말로 믿는다면 기도 모임을 회피해서야 되겠는가? 주변의 수천수만의 영혼들과 이방 세계의 수많은 영혼들을 조금이라도 염려한다면 어찌 기도를 아낄 수 있겠는가?

분명히 우리는 전혀 생각하지 않고 있는 것이다. 만약 그렇지 않다면 더 많은 기도를 해야 한다. 전능하신 사랑의 하나님이 "내게 구하면 내가 행하리라"(요 14:14)라고 말씀하셨는데 우리는 그분의 말씀에 거의 귀 기울이지 않고 있다.

이교에서 개종한 사람들이 우리를 부끄럽게 만들고 있다. 여행 중 내가 북서 인도에 있는 라왈핀디에 갔을 때, 뜻밖의 일이 있었다. 판디타 라마바이는 제자들과 함께 그곳에서 야영을 하고 있었다. 그녀는 야영하기 전에 그들에게 다음과 같이 말해 주었다. "인도에 어떤 축복이 내려진다면 우리는 그 축복을 얻을 수 있어. 그 복을 얻기 위해 무엇을 해야 하는지 알려 달라고 하나님께 기도하자."

그 선교사는 성경을 읽다가 다음 구절에서 멈추었다.

"아버지께서 약속하신 것을 기다리라⋯⋯성령이 너희에게 임하시면 너희가 권능을 받고"(행 1:4-8).

그녀는 "기다려! 왜냐하면 우리는 한 번도 기다린 적이 없기 때문이야.

우리는 기도를 드렸지만 어제보다 오늘 더 큰 축복이 있으리라고 기대해 본 적이 없어!"라고 외쳤다. 그들이 얼마나 많이 기도했는지 모른다! 한 번 기도회로 모이면 장장 여섯 시간이나 계속되었다. 그들의 그런 기도에 하나님이 얼마나 놀라운 축복을 주시겠는가!

그 소녀들이 라왈핀디에 있을 때였다. 한밤중에 한 선교사가 자기 천막에서 밖을 내다보던 중 한 소녀의 천막에서 불빛이 타오르는 것을 보고 깜짝 놀랐다. 야영 규율에 위배되는 일이라 그 선교사는 훈계하러 거기에 갔다. 그런데 열 명의 소녀들 가운데 가장 어린 열다섯 살 소녀가 천막 한쪽 구석에 무릎 꿇고 앉아 한 손에는 짤막한 수지 양초를, 다른 한 손에는 기도할 사람의 명단을 들고 있는 것이 아니겠는가?

그 소녀는 판디타 라마바이 학교의 1,500명의 학생들 중 500명의 명단을 가지고 있었다. 시간마다 그녀는 하나님께 그들의 이름을 부르며 중보 기도를 했다는 것이다. 그 소녀들이 가는 곳마다, 그 소녀들이 중보 기도 하는 사람마다 하나님이 복을 내리실 것은 당연한 일이었다.

중국의 목사 딩리메이(丁立美)는 그의 학생 1,100명을 기도 명단에 실어 놓았다. 수백 명의 학생들이 이미 그의 기도를 통해 그리스도께로 인도되었고, 그들 중 다수는 완전한 기독교 사역자가 되었다.

기도를 통해 일어난 놀랍고도 감동적인 사건들은 이 외에도 무수히 많이 있다. 그것을 일일이 열거할 필요는 없을 것이다. 하나님이 내가 기도하기를 원하신다는 사실을 알기 때문이다. 하나님은 당신도 기도하기를 원하신다.

"이 나라에 축복이 주어진다면 그 축복은 우리의 것이 될 수 있다." 아니, 그보다 그리스도 안에서 어떤 축복이 있다면 우리는 그것을 가질 수 있다.

"찬송하리로다 하나님 곧 우리 주 예수 그리스도의 아버지께서 그리스도 안에서 하늘에 속한 모든 신령한 복을 우리에게 주시되"(엡 1:3).

하늘 보물 창고의 열쇠

하나님의 광대한 창고는 복으로 가득 차 있다. 오직 기도만이 그 창고를 열 수 있다. 기도는 열쇠이며, 믿음은 그 열쇠를 돌려 문을 여는 일과 복을 내 것으로 찾아오는 역할을 한다.

"마음이 청결한 자는 복이 있나니 그들이 하나님을 볼 것임이요"(마 5:8).

하나님을 보기 위해서는 올바른 기도를 해야 한다.

잘 듣기 바란다! 당신과 나는 다시 한 번 결단의 갈림길에 서 있다. 우리가 기도를 제자리에 서게만 한다면 모든 실패와 무능력, 부족함, 그리고 열매 없는 과거가 영원히 추방될 것이다.

오늘 행하자. 더 좋은 때를 기다리지 말라. 모든 것은 우리의 결단에 달려 있다.

정말로 하나님은 놀라운 분이다. 하나님에 대한 가장 놀라운 일 중의 하나는, 그분은 모든 것을 믿음의 기도에 맡기신다는 것이다.

온 마음을 깨끗이 하여 믿음으로 간구하는 기도는 결코 실패하지 않는다. 하나님은 이를 위해 말씀을 주셨다. 그러나 더욱더 놀라운 것은 그리스도인들이 하나님의 말씀을 믿지도 않고, 그 말씀을 시험해 보지도 않는다는 것이다.

그리스도께서 우리의 전부가 되실 때, 즉 우리의 구주가 되시고 주인이 되시며 왕이 되실 때, 주님은 우리를 위해 기도를 드려 주실 것이다. 그렇다면 우리는 유명한 구절의 한 단어를 바꾸어 "주 예수님은 항상 살아 계셔서 우리 안에서 간구하심이라."라고 말할 수 있다(히 7:25 참조).

믿지 않음으로 주님을 놀라게 하지 말고 믿음으로 주님을 놀라게 하면 얼마나 좋겠는가! 주님이 다시 놀랍게 여기시며 우리에게 "진실로 너희에게 이르노니 이스라엘 중 아무에게서도 이만한 믿음을 보지 못하였노라"(마 8:10) 하실 때, 참으로 우리의 중풍병이 능력으로 낫게 될 것이다.

주님은 우리에게 불을 던지러 오지 않으셨던가? 우리는 이미 불이 붙어 있는가? 하나님이 인도 케드가온의 어린이들을 쓰심같이 우리를 들어 쓰지 못하시겠는가?

하나님은 인간을 차별 대우하지 않으신다. 우리가 겸손하고 진실하게 "내게 사는 것이 그리스도니"(빌 1:21)라고 말할 수 있다면, 그분의 강한 능력을 우리 앞에 보여 주지 않으시겠는가?

기도하는 하이드

『기도하는 하이드』(Praying Hyde)를 읽어 본 사람들이 있을 것이다. 정말 그의 간구는 생활을 변화시켰다. 사람들은 하이드가 기도할 때 전율을 느낀다고 말했다. 하이드가 "주 예수여! 주 예수여! 주 예수여!"라고 외쳐 간구할 때, 그들은 마음속 깊은 곳에서 용솟음쳐 오는 사랑과 능력의 세례를 받았다.

그러나 사람을 성결하게 만들고, 성령 충만하게 하고, 사방에서 그에게로 몰려들게 한 것은 하이드가 아니라 하나님의 성령이었다. 우리 모두가 '기도하는 하이드'가 될 수는 없을까? 당신은 "아니, 하이드는 특별한 기도의 은사를 받았으니까 그렇지."라고 일축해 버리지는 않는가? 좋다. 그럼 그는 어떻게 그 은사를 받았을까? 그도 우리처럼 평범한 그리스도인이었다.

인간적으로 말해서 그의 기도하는 삶은 아버지 친구의 기도 때문이었다는 점을 유의해 본 적이 있는가? 이제 이 점을 명심하기 바란다. 이것은 가장 중요한 것 중의 하나이며, 당신의 전 생애에 깊은 영향을 주게 될 것이다. 이 사실이 주는 의미가 너무 크기 때문에 이 지면을 빌려 내력을 자세히 설명해도 좋을 것이다.

존 하이드(John Hyde)의 말을 인용해 보고자 한다. 그는 인도로 항해하는 배의 갑판 위에 서 있었다. 그곳에 선교사로 가던 중이었다. 그는 이렇게 말했다.

아버지에게는 해외 선교사가 되기를 간절히 원하는 한 친구가 있었는데 그는 결국 허락받지 못했다. 그는 내가 탑승한 배를 수신처로 하여 편지를 보냈다.

뉴욕항을 떠난 지 몇 시간 후에 그의 편지를 받게 되었다. 말은 몇 마디 안 되지만 그 요지는 "친애하는 존, 네가 성령으로 충만하기까지 기도를 쉬지 않겠다." 하는 것이었다.

그 편지를 다 읽었을 때, 나는 화가 치밀어 올라 그것을 구겨서 갑판 위에 팽개쳐 버렸다. '이 사람이 내가 아직 성령 세례도 안 받고 이 정도의 준비도 없이 인도에 가는 줄로 생각하고 있다니!' 나는 무척 화가 났다. 그러나 차츰 올바른 판단이 서게 되었다. 편지를 집어 들고 다시 읽어 보았다. 어쩌면 나에게는 아직도 받아 보지 못한 무엇인가가 필요할지도 몰랐다. 갑판 위를 오르락내리락하며 마음속으로 씨름을 했다. 불안을 느꼈다.

나는 그 편지를 쓴 사람을 사랑했고, 그가 거룩한 삶을 살아온 것을 알고 있었다. 그리고 마음속에서 그가 옳다는 것과 나는 선교사가 될 자격이 없다는 확신이 섰다.

……이런 생각은 2-3일간 계속되어 결국 처절하게 비참함을 느끼게 되었다. ……마침내 나는 일종의 절망 속에서 주님께 성령 충만을 간구했다. 그 순간 나 자신을 보게 되었고, 내가 얼마나 이기적인 야망을 가진 자였는지 바로 보이기 시작했다.

그러나 그는 아직 구하던 축복을 받지 못했다. 그는 인도에 상륙하여 동료 선교사와 함께 어느 야외 예배에 참석했다. 이에 대해 존 하이드는 또 다음과 같이 말했다.

그 선교사가 죄에서 우리를 구하실 진정한 구주이신 예수 그리스도에 대해 설교하는 것을 들었다. 설교가 끝나자 점잖아 보이는 어떤 사람이 유창한 영어로 선교사 자신도 그렇게 구원을 받았는지 질문했다. 그 질문은 내 가슴을 깊이 찔렀다. 왜냐하면 나에게 그런 질문이 주어졌다면 나는 아직 그리스도께서 나를 완전하게 구원해 주지 않으셨다고 고백하지 않을 수 없었기 때문이었다.

그것은 내 삶에 아직 제거되지 않은 죄가 있다는 것을 알았기 때문이었다. 나는 그리스도께서 완전한 구주라고 다른 사람들에게 외치고 있으면서도, 나를 죄에서 완전히 구원해 주지 못한 그리스도를 전파하고 있다는 고백을 하지 않을 수 없다는 것이 그리스도의 이름에 얼마나 누를 끼치는지 뼈저리게 느꼈다.

나는 내 방에 들어가서 문을 걸어 잠갔다. 그리고 주님이 나의 모든 죄, 특별히 너무나도 쉽게 나를 잘 얽어매는 죄를 이기게 해주시든지, 아니면 미국으로 돌아가 거기서 다른 직업을 구하게 해주시든지 둘 중의 하나를 택할 수 있게 해달라고 주님께 아뢰었다. 나는 내 삶에서 복음의 능력을 체험할 수 있을 때까지 복음을 전파할 수 없다고 말씀드렸다. 이것이 얼마나 적절했는지 나는 실감했다. 주님은 모든 죄에서 나를 구원해 주실 수 있고, 또 기꺼이 구원하시겠다고 다짐해 주셨다. 주님은 나를 구원해 주셨고, 나는 더 이상 그런 의심을 해 본 적이 없다.

존 하이드가 '기도하는 하이드'가 된 것은 바로 그때였다. 그리고 당신과 내가 능력 있는 기도의 사람이 될 수 있는 것도 바로 하나님에 대한 완전한 굴복과 우리를 죄의 권세로부터 구출해 달라는 단호한 요구를 통해서이다.

그러나 강조하고자 하는 점은 이미 언급했던 바와 같이 무명의 어떤 사람이 존 하이드를 위해 기도했다는 것이다. 하이드는 당시 세상에 알려지지 않았으나 다른 사람이 그를 위해 기도해 줌으로써, 지금은 모든 사람이 그를 '기도하는 하이드'로 알게 될 만큼 큰 축복을 받았다.

주님께 완전히 굴복하라

사랑하는 독자들이여, 잠시 전만 하더라도 당신은 '기도하는 하이드'가 될 가망이 없다고 생각하지는 않았는가? 물론 우리 모두가 기도에 그렇게 많은 시간을 바칠 수는 없다. 신체적 이유나 다른 사유로 오랜 시간 계속 기도하지 못할 수도 있다.

그러나 우리는 그의 기도의 영을 소유할 수 있다. 존 하이드를 위해 무명의 친구가 기도했듯이, 우리도 다른 사람들을 위해 기도할 수 있지 않을까?

우리는 다른 사람들, 목사나 성직자들에게 축복이 임하도록 기도할 수는 없는 것인가? 친구를 위해서, 가정을 위해서 그렇게 할 수는 없는 것인가? 그렇게만 한다면 우리의 사역이 얼마나 고귀할까?

그러나 그렇게 기도하자면 존 하이드가 굴복한 것처럼 우리도 완전히 굴복하지 않으면 안 된다. 아직 굴복하지 않았는가? 기도에 있어서 실패는 이런 마음의 결함이 그 원인이다.

오로지 마음이 청결한 자만이 하나님을 볼 수 있다. "주를 깨끗한 마음으로 부르는 자들"(딤후 2:22)만이 기도 응답을 자신 있게 요구할 수 있다.

이 글을 읽는 모든 사람이 지금 당장 기도하기만 한다면 얼마나 큰 부흥이 일어나겠으며, 얼마나 큰 축복이 임할까!

하나님이 왜 우리가 기도하기 원하시는지 알겠는가? 이제 만사가 기도에 달려 있는 이유를 알겠는가? 몇 가지의 이유가 있다. 그러나 그중 하나가 본 장을 읽고 나면 우리 앞에 명백하고도 생생하게 나타날 것이다. 즉, 기도했는데도 응답을 받지 못하면 잘못이 우리에게 있다는 것이다. 응답받지 못한 기도는 우리 마음에 무슨 잘못이 있는가 살펴보라는 경종이다. 하나님의 약속은 절대로 착오가 없기 때문이다.

"내 이름으로 무엇이든지 내게 구하면 내가 행하리라"(요 14:14).

진실로 기도하는 사람은 하나님을 시험하는 것이 아니라 자신의 영적 삶을 시험해 본다.

예수여, 당신께 더 가까이 갑니다.
오, 날마다 더 가까이 갑니다.
예수여, 당신께 더욱 의지합니다.
항상 더욱 의지합니다.

무릎으로 산 위대한 그리스도인

판디타 라마바이 Pandita Ramabai 1858-1922

판디타 라마바이

라마바이는 남부 인도의 신분 높은 집안에서 태어났다. 하지만 산스크리트어의 대가이자 힌두교 경전 교사였던 그녀의 아버지는 물욕이 없는 인물이었고, 급기야는 빈털터리가 되어 마을을 전전하는 음송 시인 신세가 되고 말았다. 이에 따라 라마바이도 고통에 찬 유년을 보내야 했고, 잇달아 부모 형제를 잃고는 더욱 암담한 현실에 처하게 되었으나, 그럼에도 그녀의 뛰어난 지성과 위트, 즉흥적인 산스크리트어 시작(詩作) 능력은 당시 사회에 센세이션을 일으켰다. 그녀는 결국 학자 협회로부터 '교사'라는 칭호까지 얻었는데, 그녀의 이름의 '판디타'(pandita)는 다름 아니라 교사를 의미하는 '판디트'(pandit)의 여성형 표현이다.

그러나 유명세도 잠시 자신보다 낮은 계급의 남자와 결혼하면서 철저하게 소외되었고, 그 남편마저 이내 병사한 후에는 사회의 가장 밑바닥에 던져지고야 만다. 힘든 상황과 불확실한 미래는 그녀로 하여금 힌두교 신앙에 대해 회의하게 만들었으며 앞날을 약속해 줄 진정한 신을 찾게 했다. 그녀는 결국 예수 그리스도의 품에서 참 안식을 얻었고 그로부터 완전히 다른 삶을 추구하게 된다.

1889년 가난한 여성과 고아들을 위한 쉼터를 설립한 라마바이는 그들에게 의식주를 제공하는 동시에 교육과 직업 훈련의 기회 또한 베풀었다. 그녀는 인도 전통 사회의 억압에서 고통받는 여성들의 해방을 위해 노력했고, 과부들의 권익 옹호와 아

라마바이의 쉼터에 세워진 교회

쉼터 여성들에게 말씀을 전하는 라마바이

동의 결혼 금지를 위해 싸웠다. 그녀는 거기에서 그치지 않고 민간인이 읽을 수 있는 인도어 성경 번역에도 시간을 쪼개어 썼다.

그녀의 믿기 힘든 불굴의 의지는 무엇보다도 끊임없는 기도와 성경 공부에서 나온 것이었다. 격무의 연속이었던 그녀의 하루는 언제나 새벽 4시의 간절한 기도로 시작되었던 것이다. 전도자이자, 성경 교사이자, 약한 자들의 자애로운 어머니였던 라마바이는 소박하고 순전하게 간구함으로 살아온 자신의 인생을 이렇게 표현하고 있다.

우리는 부유하거나 위대하지 않습니다. 그러나 하늘 아버지께서 사랑의 손으로 매일 양식을 주시기에 행복합니다. 하루하루 필요한 것 이상은 조금도 받지 못하고 은행 통장도 없고 수입도 전혀 없지만, 하나님을 온전히 의지하기에 두려울 것도 잃을 것도 후회할 것도 없습니다.

우리가 필요한 것이 아무리 크다 해도,
우리의 요구가 아무리 많다 할지라도,
하나님이 명하신 대로 하나님을 시험하기만 하면,
그분이 주시는 모든 축복을 쌓을 곳이 없을 것이다.

4

Asking for Signs

믿음을
갖고
시험해 보라

믿음 없는 기도

"하나님은 정말 기도 응답을 하시는가?"라는 말은 사람들의 입에 자주 오르내리는 질문이다. 그들의 마음 가장 깊은 곳에 머물고 있는 의문이기도 하다.

"기도가 정말 가치 있는 것인가?" 어쨌든 우리는 기도하지 않을 수 없다. 이교의 야만인들까지도 때때로 위험과 재앙과 고통에서 도움을 얻으려고 사람이나 사물을 향하여 부르짖는다.

기도를 믿고 있는 우리도 또 다른 질문에 부딪히게 된다. 곧 "하나님을 시험해도 되는가?" 하는 것이다. 한 걸음 더 나아가서 "우리가 감히 하나님을 시험하다니……."라는 생각이 뇌리를 스쳐 간다. 그 이유는 기도 생활의 실패가 우리의 영적 생활의 실패 때문이라는 것을 거의 생각하지 않고 있기 때문이다.

Asking
for Signs

    너무나 많은 사람들이 마음속에 기도의 가치나 효과에 대하여 불신감을 품고 있다. 그러나 믿음이 없는 기도는 헛것이다.

    기도 응답의 확신을 구하는 것은 하나님을 시험하는 일인가? 그리스도인들이 하나님을 시험하도록 설득할 수 있다면 좋겠다. 왜냐하면 이것은 하나님을 믿는 우리 자신의 믿음과 자기 생활의 거룩함을 시험하는 것이기 때문이다.

    기도는 참 경건을 달아 보는 시금석인 것이다.

    하나님은 우리의 기도를 요구하시며, 우리의 기도를 소중히 여기시며, 우리의 기도를 필요로 하신다. 기도가 이루어지지 않으면 자신의 잘못을 탓해야 할 뿐이다. 그렇다고 해서 능력 있는 기도는 항상 구하는 대로 받는다는 의미는 아니다.

기드온과 베드로의 시험

성경은 우리가 하나님을 시험할 수 있음을 가르쳐 주고 있다. 구약 시대 기드온의 실례 하나만으로도 하나님이 우리의 믿음, 비록 그것이 머뭇머뭇하는 나약한 믿음일지라도 존중히 여기신다는 사실을 충분히 보여 주고 있다. 하나님은 자신이 직접 명백한 약속을 주셨음에도 불구하고 이를 시험해 보라고까지 허락해 주신다. 이것이야말로 무한한 위안이 아닐 수 없다.

기드온은 하나님께 "주께서 이미 말씀하심같이 내 손으로 이스라엘을 구원하시려거든 보소서 내가 양털 한 뭉치를 타작마당에 두리니 만일 이슬이 양털에만 있고 주변 땅은 마르면 주께서 이미 말씀하심같이 내 손으로 이스라엘을 구원하실 줄을 내가 알겠나이다"(삿 6:36-37)라고 말하였다. 이튿날 아침, 양털에서 물이 한 그릇 가득 나왔지만 기드온은 이것으로 만족하지 않았다.

그는 감히 두 번째로 하나님을 시험하여 다음날 저녁에는 양털이 젖는 대신 오히려 마르게 해달라고 기도하였다. 그 밤에 하나님은 그대로 행하셨다(삿 6:40).

전능하신 하나님이 망설이는 인간이 구하는 대로 행하신 일은 너무나도 놀라운 일이다. 이 경우에 우리를 놀라게 하는 것은 사람의 당돌함인지, 아니면 하나님의 겸비하심인지 가히 가름하기 어렵다. 다만 숨을 죽이고 경탄할 뿐이다. 물론 드러난 사건보다 내면에 더 큰 의미가 있다. 기드온은 양털이 기드온 자신을 나타낸다고 생각했던 것 같다.

하나님이 참으로 그에게 성령으로 채워 주시려 했다면 구원은 확실한 것이었다. 그러나 기드온은 양털을 짜면서 자기 자신을 흠뻑 젖은 그 양털과 비교하기에 이르렀다.

"나는 이 양털만큼 성령에 젖어 있을까? 하나님은 구원을 약속하셨지만 나는 그분의 성령으로 충만하지 못하구나. 하나님의 전능하신 능력이 나에게 들어오지 않는 것 같아. 나는 정말 이 큰 하나님의 일에 합당한 것일까? 그렇지 못해. 그렇지만 역사하시는 이는 내가 아니고 하나님이시다. ……오, 하나님, 양털을 마르게 하옵소서. 여전히 역사하실 수 있습니까? 내 속에서 아무런 초인적인 능력을 느끼지 못할지라도, 내 속에서 충만한 영적 축복을 느끼지 못할지라도, 이 양털만큼이나 내가 메말라 있음을 느낄지라도 여전히 당신은 나의 팔을 들어 이스라엘을 구원하실 수 있습니까?" 그가 "주여 내게 노하지 마옵소서"(삿 6:39)라는 말로 기도를 시작한 것은 이상한 일이 아니다.

"그 밤에 하나님이 그대로 행하시니 곧 양털만 마르고 그 주변 땅에는 다 이슬이 있었더라"(삿 6:40).

그렇다. 이 사건 속에는 대충 보아서 보이는 것 이상의 의미가 있다. 우리 자신의 경우에도 마찬가지가 아닌가? 마귀는 종종 우리의 영혼이 메말라서 기도 응답을 받을 수 없다고 설득한다. 그러나 기도 응답은 우리의 느낌에 좌우되지 않는다. 다만 약속하신 분의 신실함에 달려 있는 것이다.

앞서 말한 기드온의 방법이 우리나 모든 사람을 위한 행동의 표준이라고 말하는 것이 아니다. 하나님의 말씀을 믿는 데 망설임이 많은 것 같다. 사실상 하나님을 비참하게 의심하는 것 같다. 우리가 하나님을 믿되 부분적인 믿음을 보일 때, 그것은 분명히 하나님을 슬프시게 하는 것이다.

보다 차원 높고, 보다 선하고, 보다 안전한 방법은 아무것도 의심하지 말고 구하는 것이다. 그러나 하나님이 기드온에게 하나님을 시험하도록 허락하셨다는 사실은 우리에게 더없는 위로와 안심을 안겨 준다. 성경에 언급된 것이 이 경우뿐만은 아니다.

하나님을 시험하는 가장 놀라운 사례가 갈릴리 바다 위에서 있었다. 베드로가 주님을 시험하였다. "베드로가 대답하여 이르되 주여 만일 주님이시거든 나를 명하사 물 위로 오라 하소서 하니"(마 14:28). 그것은 주님이 이미 "나니 두려워하지 말라"(마 14:27)라고 말씀하신 후였다.

"만일 주님이시거든 나를 명하사 물 위로 오라 하소서"라는 베드로의 말에 주님은 "오라" 하셨고 베드로는 물 위로 걸어갔다(마 14:29).

그러나 베드로의 '시험하는 믿음'은 곧 실패로 돌아갔다. '적은 믿음'은 쉽사리 또 급속히 '의심'으로 변한다. 그리스도께서 베드로가 걸어옴을 꾸짖지 않으셨던 점을 기억하라. 주님은 "왜 왔느냐" 하지 않으시고 "왜 의심하였느냐"라고 하셨다(마 14:31).

하나님을 시험하는 것이 최선의 방법은 아니다. 하나님은 우리가 기도를 믿도록 수많은 약속들을 주셨고, 기도에 응답하시는 능력과 그분의 의지를 수없이 증명해 보이셨다.

이렇게 하셨기에 우리는 기적이나 표적을 구하기 전에는 심히 망설일 수밖에 없다. '전능하신 주 하나님이 자기를 시험해 보라고 명령하지 않으셨던가?' 하고 생각할 수도 있다. "만군의 여호와가 이르노라 너희의 온전한 십일조를 창고에 들여 나의 집에 양식이 있게 하고 그것으로 나를 시험하여 내가 하늘 문을 열고 너희에게 복을 쌓을 곳이 없도록 붓지 아니하나 보라"(말 3:10)라고 하나님이 말씀하시지 않았던가?

사실 그렇다. 하나님은 "나를 입증해 보라. 나를 시험해 보라."라고 말씀하신다. 그러나 실제로 시험을 받는 것은 우리 자신이다. 기도하여도 하늘 문이 열리지 않고 차고 넘치는 축복이 이루어지지 않는다면, 우리가 온전한 십일조를 드리지 않았기 때문일 수밖에 없다. 우리가 하나님께 완전히 굴복할 때, 즉 온전한 십일조를 하나님의 곳간에 드릴 때, 하나님을 시험할 필요가 전혀 없을 그런 축복을 얻게 될 것이다. 이 말은 기도하고도 응답이 없는 문제에 부딪혔을 때 기억해야 할 말이다.

한편 모든 그리스도인은 "나는 정정당당하게 기도를 시험해 보았는가?"라고 자문해 보기 바란다. 당신은 구체적인 기도를 드린 지가 얼마나 오래되었는가?

기도 응답의 확신

사람들은 설교나 집회나 선교를 축복해 달라고 기도한다. 그때 다른 사람들도 함께 하나님께 간구해 주고 있기 때문에 어떤 것들은 분명히 응답을 받는다. 당신은 고통에서 벗어나고 병을 치료받기 위해 기도한다. 그러나 하나님을 믿지 않는 사람은 아무도 그를 위해 기도해 주지 않는데도 가끔 회심하고 돌아오며, 때로는 표면적으로 드러나는 기적적인 방법으로 회심하기도 한다. 그래서 우리도 우리 자신을 위해 아무런 기도를 드리지 않아도 보다 좋은 것을 얻을 수 있다고 생각할 수도 있다.

수많은 사람들이 삶 속에서 분명하고도 결정적인 기도 응답을 전혀 손끝으로 만져 보지도 못하고 있는 것 같다. 하나님이 자녀들에게 응답하시기를 기뻐하시는데도 대부분의 그리스도인들은 그런 기회를 만들지 않고 있다. 이는 그들의 기도가 너무 모호하고 불분명하기 때문이다. 그렇다면 그 기도는 단순한 형식, 즉 날마다 아침저녁으로 몇 마디씩, 몇 분간씩 똑같은 말을 기계적으로 반복하는 것에 불과함에 놀랄 필요가 없다.

또 한 가지 지적할 점이 있다. 기도할 때 자신의 소원이 응답되는 것을 보여 주는 증거를 얻은 적이 있느냐는 것이다. 기도하는 사람들의 사생활을 아는 사람들은 그들의 기도가 응답된다는 완전한 확신이 실제로 응답이 이루어지기 훨씬 전에 임한다는 사실에 종종 놀라게 된다.

어느 기도의 용사는 "내 영혼에 평안이 밀려왔다. 내 간구가 응답되었음을 확신한다."라고 말하곤 했다. 그는 하나님이 응답하셨음을 확신하고는 감사드렸다. 그리고 결국 그의 확신은 절대적으로 옳았다는 것이 증명되곤 했다.

주님은 비록 하나님이셨지만 완전한 인간으로 지상에 사시면서 성령을 의지하셨다. 그렇지만 늘 이런 확신을 가지고 계셨다.

주님은 나사로의 무덤 앞에 서서 죽은 자에게 나오라고 부르시기 전에 "아버지여 내 말을 들으신 것을 감사하나이다"(요 11:41)라고 하셨다. 왜 그런 감사의 말씀을 드리셨을까?

"그러나 이 말씀 하옵는 것은 둘러선 무리를 위함이니 곧 아버지께서 나를 보내신 것을 그들로 믿게 하려 함이니이다"(요 11:42).

만일 믿음으로 인해 그리스도께서 우리의 마음에 거하시면, 성령이 우리의 간구에 힘을 불어넣으시고 우리가 성령으로 기도한다면(유 1:20), 아버지께서 우리의 말을 들으시는 것을 어찌 모르겠는가? 그러면 주변에 있는 사람들이 우리도 하나님이 보내신 자들이라는 것을 어찌 알지 못하겠는가?

기도의 사람이라면 자신이 하나님의 뜻이라고 아는 어떤 것을 놓고 하나님 앞에서 고민할 것이다. 성경에 분명히 약속되어 있기 때문이다. 그래서 때로는 수시간씩 기도하게 되고, 심지어는 수일간씩 매달리는 것이다. 그러면 홀연히 하나님이 그들의 소원을 응답해 주셨음을 성령이 명백하게 보여 주신다.

또한 더 이상 그 문제에 관하여는 간구할 필요가 없음을 확신하게 된다. 이것은 하나님이 분명한 목소리로 "네 기도가 상달되어 내가 네 마음의 소원을 허락하였노라." 하심과 다름없는 것이다. 이것은 비단 한 사람의 경험이 아니라, 기도가 삶의 기초가 되는 모든 사람이 똑같이 증거하는 사실이다. 또한 그들의 생활 속에 한두 번 경험하고 마는 것이 아니라, 반복하고 또 반복되어 일어나는 경험인 것이다.

그러면 기도는 행동에게 자리를 양보해야 한다. 하나님은 모세에게 이것을 가르치셨다.

"너는 어찌하여 내게 부르짖느냐 이스라엘 자손에게 명령하여 앞으로 나아가게 하고"(출 14:15).

중국에서 크게 쓰임 받은 선교사 고포스(Jonathan Goforth)가 종종 그의 간구가 응답되었다는 확신을 가졌던 사실에 대해 우리는 별로 놀랄 것이 없다. 그는 "나는 하나님이 응답하셨음을 알았고, 하나님이 길을 열어 주시리라는 분명한 확신을 얻었다."라고 했다. 이 사실에 놀라야 할 이유가 어디에 있는가? 예수님이 말씀하셨다.

"너희는 내가 명하는 대로 행하면 곧 나의 친구라 이제부터는 너희를 종이라 하지 아니하리니 종은 주인이 하는 것을 알지 못함이라 너희를 친구라 하였노니 내가 내 아버지께 들은 것을 다 너희에게 알게 하였음이라"(요 15:14-15).

주님이 친구 된 우리에게 자기의 계획과 의도를 알게 하시는 것이 놀랄 일이라고 생각하는가?

이제 "하나님은 택함 받은 소수의 성도들만 이것을 경험하게 하셨는가, 아니면 같은 믿음을 가지고 자신의 기도가 응답되었다는 확신을 가진 모든 신자가 경험하게 하셨는가?"라는 의문이 대두된다.

우리는 하나님이 인간을 차별하지 않으신다는 것을 알고 있다. 그러므로 하나님을 진실로 믿는 자는 누구나 하나님의 마음과 뜻을 알 수 있음을 안다. 그분의 명령을 지키면 우리는 그분의 친구이다. 그 명령 중의 하나가 '기도'이다. 주님은 제자들에게 하나님을 믿으라고 간곡히 당부하셨다. 그러고는 산더러 들리어 바다에 던져지라 할 수 있으며, 믿고 의심하지 않으면 그대로 되리라고 하셨다. 그리고 이런 약속을 주셨다.

"그러므로 내가 너희에게 말하노니 무엇이든지 기도하고 구하는 것은 받은 줄로 믿으라 그리하면 너희에게 그대로 되리라"(막 11:24).

이것이 지금까지 이야기해 온 바로 그 경험이며, 참 기도의 사람이 행하는 일이다. 물론 불신자들은 이것을 이해할 수 없다. 이것은 반만 믿은 자들을 당황하게 하는 것이다.

그러나 주님은 자신이 하나님으로부터 보냄을 받으신 것처럼 우리도 주님의 제자가 되었음을 사람들이 알기 원하신다(요 17:18, 20:21). 우리가 서로 사랑한다면 사람들이 이 사실을 알 것이다(요 13:35). 그러나 또 하나의 증거를 대자면, 그것은 사람들이 '하나님이 항상 우리 말을 들으시는 것'을 눈으로 보는 것이다(요 11:42).

하나님을 시험한 기도의 사람

어떤 이들은 조지 뮐러(George Müller)의 놀라운 기도 생활을 떠올릴 것이다. 퀘벡에서 리버풀로 횡단하던 중 그는 뉴욕행 꼬리표가 붙은 의자 하나가 정시에 도착하여 기선을 제때 타게 해달라고 단호하게 기도했다. 그런 후 그는 하나님이 분명히 기도에 응답하셨다는 확신을 가졌다.

보급선이 승객을 승선시킬 시간 약 30분 전, 화물 취급인이 뮐러에게 아직 의자가 도착하지 않아 정시에 배에 오를 수 없겠다고 전했다. 이때 뮐러 부인은 뱃멀미가 몹시 심해서 의자가 없으면 배를 탈 수가 없었다. 가까운 상점에 가서 다른 의자를 하나 사라는 주위 사람들의 권유도 조지 뮐러에게는 전혀 통하지 않았다.

"우리는 이미 하늘에 계신 아버지께 그 의자를 기꺼이 주시기를 특별히 기도했으니, 하나님이 그렇게 하시리라 믿을 것입니다."라는 것이 그의 대답이었다.

그리고 그는 자신이 맡긴 물건이 잘못 전달되거나 잘못 배달되지 않을 것이라는 확신을 가지고 갑판 위로 올라갔다. 아니나 다를까 보급선이 떠나기 직전 차량 하나가 달려왔는데, 짐 꾸러미 맨 꼭대기에 뮐러의 의자가 실려 왔던 것이다.

그 의자는 즉시 갑판 위로 옮겨졌고, 조지 뮐러에게 다른 의자를 사 오라고 독촉하던 바로 그 사람의 손에 들려졌다. 그가 뮐러에게 그 의자를 넘겨주었을 때, 뮐러는 전혀 놀라지 않았다. 그냥 고요히 모자를 벗고 하늘에 계신 아버지께 감사드렸다.

하나님의 사람 뮐러에게 이런 기도 응답은 놀라운 것이 아니라 자연스러운 것이었다. 당신은 하나님이 조지 뮐러의 주변 친구들이나 또 우리에게 교훈을 주시기 위해 마지막 순간까지 그 의자를 붙들어 두신 것이라고 생각하지 않는가? 우리는 지금까지 그처럼 지체된 사건을 한 번도 들어 본 적이 없을 것이다.

하나님은 하실 수 있는 모든 방도를 써서 우리가 기도하고 신뢰하도록 하신다. 그러나 우리가 그렇게 하기까지 얼마나 많은 시간이 걸리는가! 믿음의 부족과 기도의 부족 때문에 얼마나 많은 것을 잃는가! 기도의 응답을 얻을 수 있는 기도 방법을 알지 못하는 사람은 결코 하나님과 진정한 깊은 교제를 할 수 없다.

하나님이 기꺼이 시험받기 원하신다는 데 대해 의문이 있다면 『주머니를 가지지 말라』(Nor Scrip)라는 소책자를 읽어 보기 바란다. 그 책에서 에이미 카마이클(Amy Carmichael)은 자기가 어떻게 여러 번 하나님을 시험해 보았는지 말해 주고 있다. 독자는 그 책에서 그녀가 그렇게 하게 된 것이 결코 우연이 아니었다는 인상을 받게 될 것이다. 분명히 하나님의 손이 그 안에 있었던 것이다.

예컨대, 힌두인 아동 한 명을 종교적인 치욕의 삶으로부터 건지는 데는 100루피가 든다. 그녀가 그렇게 하는 것이 정당했을까? 그녀는 이 금액으로 많은 소녀들을 도울 수 있었다. 이 금액이 한 사람에게 쓰여야만 하는가? 에이미 카마이클은 그렇게 돈을 쓰는 것이 하나님의 뜻이라면, 하나님이 더도 덜도 아닌 꼭 100루피를 보내 주실 것을 기도할 충동을 느

껐다. 얼마 후 정확한 액수의 돈이 들어왔다. 그 돈을 보낸 사람은 끝자리가 붙은 액수의 수표를 쓰려고 하였으나 꼭 100루피만을 써야 한다는 강압감을 받았다고 설명을 덧붙였다.

그 일이 있은 후 15년 동안 이 선교사는 누차 하나님을 시험했는데 그때마다 하나님은 결코 그녀를 실망시키지 않으셨다. 그녀는 이렇게 말했다.

지난 15년간 단 한 번도 지불하지 못한 돈이 없었고, 다른 이에게 도움이 필요하다고 입을 연 적도 없었다. 그러나 한 번도 선한 일에 부족한 적이 없었다. 구하기만 하면 될 수 있다는 것을 보여 주시기라도 하는 듯 25파운드가 전보로 직송되기도 했다. 때로는 기차역의 왁자지껄한 무리 속에서 어떤 사람이 불쑥 나타나 꼭 필요한 액수의 돈을 손에 쥐여 주고는 누구인지 채 확인도 하기 전에 군중 속으로 사라져 버리는 일도 있었다.

놀라운 일이 아닌가! 사도 요한은 성령 충만하여 다음과 같이 말했다.

"그를 향하여 우리가 가진 바 담대함이 이것이니 그의 뜻대로 무엇을 구하면 들으심이라 우리가 무엇이든지 구하는 바를 들으시는 줄을 안 즉 우리가 그에게 구한 그것을 얻은 줄을 또한 아느니라"(요일 5:14-15).

이 담대함을 가지고 있는가? 없다면 그 이유는 무엇인가?

이것을 놀랍다고 하면 믿음이 적은 것이다. 기도에 응답하시는 것은 하나님께는 당연한 일이다. 정상적인 것이지 이상한 것이 아니다. 사실 우리 중에 너무나 많은 사람들이 하나님을 믿지 않는다. 이에 대해 솔직하게 인정하자. 우리는 이 점에 대해 솔직해져야 할 것이다.

단순한 믿음, 승리하는 삶

하나님을 사랑하면 기도해야 한다. 왜냐하면 하나님은 기도하기를 원하시고 또 기도하라고 명령하시기 때문이다. 하나님을 믿으면 기도하지 않을 수 없기 때문에, 기도 없이는 살 수 없기 때문에, 우리는 기도하게 될 것이다.

그리스도인들이여, 여러분은 하나님을 믿고 신뢰하지만(요 3:16), 그분을 믿는 그리스도인의 생활, 즉 그분이 하시는 말씀 전부를 믿는 것이 충분히 성장해 있는가? 그러한 질문은 그리스도인에게 모독적인 말이 아닌가? 그러나 과연 몇 명이나 하나님을 믿고 있는가? 하나님, 우리를 용서하소서! 하나님의 말씀을 신뢰하기보다 동료의 말을 더 잘 믿는 일은 없었던가? 어떤 사람이 하나님을 믿을 때, 그 사람 안에서 그리고 그 사람을 통해 하나님은 어떤 기적의 은혜를 베풀어 주셨던가?

신약성경에서만도 "아브라함이 하나님을 믿으매"(롬 4:3, 갈 3:6, 약 2:23)라고 세 번이나 기록되어 있을 정도로 아브라함만큼 많은 민족으로부터 숭앙과 존경을 받은 사람이 없다. 그렇다.

"아브라함이 하나님을 믿으매 그것이 그에게 의로 여겨진 바 되었느니라"(롬 4:3).

오늘날 전 세계의 그리스도인들은 자기 이름을 떨치려고 서로 경쟁하고 있다. 예수 그리스도를 믿는 모든 사람이 "나는 하나님을 믿노라. 그리고 그 믿음 위에서 행동하겠노라"(행 27:25 참조)라고 말할 수 있을 때까지 결코 쉬지 말기를 간곡히 바란다.

그러나 하나님을 시험하는 문제를 마치기 전에 하나님은 이따금씩 자기를 시험하도록 유도하신다는 점을 지적하고자 한다. 때때로 하나님은 에이미 카마이클이 보기에 필요 없는 일들을 위하여 기도하도록 마음을 이끄셨다고 한다. 그녀는 성령에 의해 간구하도록 강요당한 것이었다. 그 사건들은 응답받았을 뿐만 아니라, 측량할 수 없는 은혜임이 여실히 증명되었다.

그렇다. 하나님은 우리가 원하든 원하지 않든 우리가 구하기 전에 우리에게 무엇이 필요한지 다 알고 계신다(마 6:8). 하나님은 "내가 결코 너를 실패하게 하지 않으리라."라고 말씀하지 않으셨던가?

때로는 에이미 카마이클에게도 특별한 필요를 타인에게 알려야 하는 시험이 닥치곤 했다. 그러나 "내가 아노니 그것이 족하도다."라고 하시는 하나님의 역력한 음성이 그녀의 마음 깊이 확신되어 오는 것이었다. 그리하여 하나님이 영광을 받으셨다. 전쟁으로 시련을 겪던 때에는 이교도들 입에서도 "그들의 하나님이 그들을 먹이신다."라는 말이 나오게 되었다.

어느 세속적인 불신자도 "당신들의 하나님이 기도를 들어주신 것은 전 세계가 다 아는 바가 아닙니까?"라고 말했다.

그들의 단순한 믿음으로 하나님이 얼마나 영광을 받으셨던가! 왜 우리는 하나님을 믿지 못하는가? 왜 하나님의 말씀을 그대로 받아들이지 않는가? 신자이든 불신자이든 우리에게 "당신의 기도가 응답되는 것을 알고 있습니다."라고 말하는 사람이 한 번이라도 있었던가?

온 세계 선교사들이여, 들으라! (이 말이 모든 사람의 귀에 들려 그들을 각성시켰으면 한다.) 우리 모두가 이제까지 말한 그 헌신적인 선교사와 같은 강력한 믿음을 소유해야 한다는 것이 하나님과 우리 주 예수 그리스도의 간절한 소망이다.

사랑하는 아버지께서는 자신의 자녀가 한순간이라도 염려나 채워지지 않는 필요 가운데 있기를 원하지 않으신다. 우리가 필요한 것이 아무리 크다 해도, 우리의 요구가 아무리 많다 할지라도, 하나님이 명하신 대로 하나님을 시험하기만 하면, 그분이 주시는 모든 축복을 쌓을 곳이 없을 것이다(말 3:10).

주님께 고함 없는 고로 복을 받지 못하네.
사람들이 어찌하여 아뢸 줄을 모를까.

기도하면서도 하나님의 말씀을 믿지 않기 때문에 응답받지 못할 수도 있다. 하나님을 신뢰하는 것이 왜 그리 힘들까? 하나님이 우리를 실망시키신 적이 있는가? 하나님이 주님의 이름으로 간구하는 순전한 마음의 기도를 응답해 주시겠다고 여러 번이나 누누이 말씀하시지 않았는가? "내게 구하라", "기도하라", "나를 시험하라", "나를 확증하라." 성경은 기도의 놀랍고 기적적인 응답으로 가득 차 있다. 그런데도 왜 믿지 못할까? 왜 하나님을 불신하여 그분을 욕되게 하는가?

우리에게 순수한 믿음이 있다면
그분의 말씀을 그대로 믿어야 하리.
그러면 주님의 부요하심 가운데
우리의 삶이 해같이 빛나리라.

그러나 눈이 성해야 우리의 믿음이 단순해지고 온몸이 밝을 수 있다(마 6:22). 그리스도께서 유일한 주인이어야 한다. 우리가 하나님과 재물을 겸하여 섬긴다면 염려에서 해방될 것을 기대할 수 없다(마 6:24-25). 다시 승리의 생활로 돌아가야 한다.

우리 몸을 하나님이 기뻐하시는 거룩한 산 제물로 드릴 때(롬 12:1), 우리 지체를 의에게 종으로 내주어 거룩함에 이를 때(롬 6:19), 하나님은 자신을 우리에게 주셔서 그분의 모든 충만하심으로 우리를 충만하게 하신다(엡 3:19).

참 믿음이란 하나님이 기도 응답을 하실 수 있을 뿐 아니라 실제로 응답하심을 믿는 것임을 항상 명심하자. 우리가 혹시 기도에 나태할지라도 하나님은 약속 이행을 태만히 하지 않으신다(벧후 3:9). 충격적인 표현이라고 생각하지 않는가?

어린아이처럼 신뢰하라

인도의 도나부르에서 활동한 선교사가 하나님을 시험했던 놀라운 일에 대해 들어 보자.

인근 언덕의 휴양소를 하나 구입하는 문제가 대두되었다. 그 일은 과연 올바른 것일까? 오직 하나님만이 결정하신다. 많은 기도가 있었다. 마침내 그 집을 구입하는 것이 하나님의 뜻이라면 정확하게 100파운드의 돈을 공급해 달라는 기도를 드리게 되었다. 그리고 그 금액은 즉시 공급되었다. 그러나 그들은 여전히 망설였다.

두 달 후, 다시 그 집을 구입하는 것을 찬성하신다면 전과 똑같은 표적을 달라고 하나님께 기도했다. 바로 그날 100파운드의 수표가 또 들어왔다. 그래도 그들은 일을 진척시키기를 주저했다. 그러나 며칠이 안 되어 또 100파운드의 수표가 들어왔다. 그 집을 사라는 지정 기탁 표시가 되어 있었다.

우리 주님이 그토록 친절하시다는 것을 생각할 때, 기쁨이 마음에 강같이 흐르지 않는가? 하나님이 인자한 분이라고 우리에게 일러 준 사람은 의사인 사도 누가이다(눅 6:35). 사랑은 항상 온유하다(고전 13:4). 하나님은 사랑이시다.

이것이 우리의 기도에 도움을 줄 것이다. 하나님은 우리의 믿음이 머뭇머뭇할 때 오래 참고 기다리신다.

"하나님이여 주의 인자하심이 어찌 그리 보배로우신지요"(시 36:7).

"주의 인자하심이 생명보다 나으므로"(시 63:3).

위험한 것은 기도에 대한 그런 순수한 믿음을 읽고 "정말 놀랍구나!" 하면서도, 하나님이 우리 각자에게 그와 같은 믿음과 기도를 기대하고 계심을 망각해 버리는 일이다. 하나님은 차별하지 않으신다. 하나님은 내가 기도하기를 원하신다. 또한 당신이 기도하기를 원하신다. 하나님은 상기한 바와 같은 일들이 일어나게 하시며, 이것을 우리가 알고 놀라지 않고 자극을 받기까지 기다리신다.

때때로 사람들은 그리스도인들이 기도에 대하여 울타리를 치는 모든 인간적인 방법을 깨끗이 잊기를 바란다. 어린아이처럼 단순해지고 솔직해지자. 하나님의 말씀을 받아들이라. 우리 구주 하나님의 자비와 사랑이 나타났음을 기억하자(딛 3:4). 하나님은 가끔 사람들을 기도의 생활로 인도하신다. 그러나 때때로 하나님은 우리를 이런 기도의 생활로 몰아넣으셔야 할 때도 있다.

비교적 기도가 없었던 과거 생활을 회고하면서 그리스도의 사랑과 오래 참으심을 생각할 때, 놀라움과 기쁨에 전율하게 된다(살후 3:5). 그것 없이 어떻게 살 수 있겠는가? 우리는 하나님을 실망시켰지만, 하나님은 우리를 실망시키지 않으셨다. 앞으로도 결코 그러지 않으실 것이다. 우리는 하나님을 의심하고, 그분의 사랑과 섭리와 인도하심을 신뢰하지 못했다. 따라서 우리는 약해졌고, 불평을 늘어놓았다. 그러나 하나님은 항상 우리에게 쌓을 곳이 없이 풍성한 축복을 부어 주시려고 기다리고 계신다.

하나님의 약속은 지금도 계속된다. "너희가 내 이름으로 무엇을 구하든지 내가 행하리니 이는 아버지로 하여금 아들로 말미암아 영광을 받으시게 하려 함이라 내 이름으로 무엇이든지 내게 구하면 내가 행하리라"(요 14:13-14).

기도는 상황을 변화시킨다.
그러나 보고 느끼기까지
얼마나 방황하고 지체했던가!
그 모든 축복은 찾아온다네.
그분을 신뢰하는 자들에게.
지금부터는 하나님을 믿으라.

무릎으로 산 위대한 그리스도인

조지 뮐러 George Müller 1805-1898

조지 뮐러

불우한 가정에서 태어난 조지 뮐러는 10세가 되기도 전에 절도를 저지르고 청년 시절에는 형무소에 수감되기도 하는 등 어두운 삶을 살았다. 그의 비뚤어진 인생은 1825년 한 기도 모임에서 놀라운 전환을 맞게 된다. 그의 앞에서 무릎을 꿇고 기도하는 어느 그리스도인의 모습에서 큰 감명을 받고 자신의 부끄러운 모습을 비로소 깨달았기 때문이다. 그는 그때 용서하시는 하나님을 발견하였고 문자 그대로 '기도하는 그리스도인'이 되었다.

1835년 영국 브리스틀에 고아원을 세운 그는 이후로 평생을 고아들을 기도로 양육하는 일에 쏟아부었다. 시편 68장 5절의 "하나님은 고아의 아버지시며"라는 말씀을 가슴에 새긴 그가 길거리에 떠도는 아동들을 위해 헌신한 기간은 60년이 넘는 것이었다. 놀라운 것은 그 세월 동안 그가 고아들을 먹여 살리는 데 정부의 힘을 빌리거나 특정 부자에게 손을 내민 적이 없다는 점이다. 그저 순수하고 온전하게 하나님 아버지 한 분만을 신뢰하고 기도하여 그 응답을 통해서만 사역을 계속하였을 뿐이다.

더욱 경이로운 것은 그러한 그의 기도가 항상 응답을 받았다는 사실이다. 수많은 위기가 있었으나 기도하는 조지 뮐러에게는 필요가 충족되지 않은 날이 없었다. 지금도 남아 있는 그의 질박한 일기문들은 그의 담담하면서도 웅숭깊기 이를 데 없는 믿음을 보여 준다.

뮐러가 세운 고아원의 소녀들

조지 뮐러 기념관

……수중에 돈이 한 푼도 없었던 나는 하나님의 도우심을 바라고 있었다. 거듭 반복해서 하나님께 구하였으나 아무것도 들어오지 않았다. ……궁핍한 중에도 우리의 확신은 줄어들지 않았다. 나는 고아원 원장에게 혹시 주님이 그동안 돈을 보내 주실지도 모르니까 돌아오는 길에 들러 달라고 했다. 그가 올 때까지 아무것도 받지 못했으나 직원 중 한 사람이 자기 돈 5실링을 기부했다.

……4시쯤 기도회를 위해 소녀 고아원에 갔다가 상자 하나가 내게 배달되었다는 것을 알게 되었다. 배달 요금은 이미 지불되어 있었다. 그렇지 않았다면 나는 그 요금도 낼 수 없었을 것이다.

작디작은 문제에까지 임하는 주님의 손길을 보라! 그 상자에는 고아들과 성경 구입을 위한 돈이 14파운드 넘게 들어 있었다. 그것 말고도 옷감 네 마, 구두 세 켤레, 양말 두 켤레, 책 여섯 권, 금필통 하나, 금반지 두 개 등등이 들어 있었다.

1839년 2월 7일

진정한 기도는 모두 하나님을 찾는다.
왜냐하면 하나님으로부터
필요한 모든 것을 얻을 수 있기 때문이다.
기도는 순수히 우리의 영혼을
하나님께 향하게 하는 것이다.

5

What Is Prayer?

기도란
무엇인가?

방향이 정해진 소원

한번은 드와이트 L. 무디(Dwight L. Moody)가 스코틀랜드 에든버러에서 많은 어린이들이 모인 가운데 설교를 하게 되었다. 그는 주의를 끌기 위해 먼저 질문을 던졌다.

"여러분, 기도란 무엇이지요?"

그는 아무도 대답하지 못할 것을 예상하며 직접 그 답을 말해 주려고 했다. 그런데 놀랍게도 장내 여기저기서 수십 개의 작은 손들이 솟아올랐다. 그는 한 소년을 지목했다. 그 소년은 즉시 분명하고도 정확하게 대답했다.

"기도란 예수 그리스도의 이름으로 우리의 죄를 고백하고, 하나님의 자비하심을 감사하며, 하나님의 뜻에 맞추어 우리의 소원을 하나님께 올리는 것입니다."

What Is Prayer?

  무디는 기뻐하면서 "소년이여, 네가 스코틀랜드에서 태어난 것을 하나님께 감사드린다."라고 했다.

  이 일은 이미 오래전의 일이다. 그가 오늘날 이 질문을 한다면 무슨 대답을 들을까? 과연 몇 명의 어린이들이 그처럼 분명한 대답을 할 수 있을까? 잠시 생각해 보고 당신 자신의 대답을 제시해 보기 바란다.

  기도란 무엇을 의미하는가? 나는 절대다수의 그리스도인들이 "기도란 하나님께 요구하는 것이다."라고 말할 것이라 믿는다. 그러나 분명히 기도는 누구의 말처럼 하나님이 우리의 심부름을 하게 하는 것 이상의 그 무엇이다. 또한 그것은 거지가 부잣집 대문을 두드리는 것보다 차원 높은 것이다.

  기도라는 말은 사실 방향이 정해진 소원을 의미한다. 그 방향은 하나님을 향한다. 진정한 기도는 모두 하나님을 찾는다. 왜냐하면 하나님으로부터 필요한 모든 것을 얻을 수 있기 때문이다. 기도는 순수히 우리의 영혼을 하나님께 향하게 하는 것이다. 다윗은 이 점을 살아 있는 영혼이 살아 계신 하나님을 우러러보는 것으로 묘사하였다.

"여호와여 나의 영혼이 주를 우러러보나이다"(시 25:1).

얼마나 아름다운 표현인가? 예수님이 우리의 영혼을 살피시기를 소원할 때, 우리는 또한 성결의 아름다움이 우리에게 임하기를 소원한다. 우리가 기도로 하나님께 우리의 영혼을 들어올릴 때, 하나님은 우리 안에서 그리고 우리와 함께 하기 원하시는 일을 할 기회를 가지시게 된다. 그것은 우리 자신을 하나님의 처분에 맡기는 것이다. 하나님은 항상 우리 편이시지만, 우리는 항상 하나님 편이 되지 못한다. 사람이 기도할 때가 바로 하나님이 일하실 기회가 된다. 한 시인은 이와 같이 묘사하고 있다.

입을 벌려 말하든, 입을 다물어 침묵하든
기도는 영혼의 간절한 소원.
가슴속에서 떨리고 있는
숨은 불꽃의 움직임.

옛날 유대의 한 신비주의자는 "기도는 하늘과 땅이 서로 입 맞추는 순간이다."라고 하였다.

기도는 우리가 원하는 것을 하나님이 하시도록 설득시키는 것이 아니다. 하기 싫어하시는 하나님의 뜻을 꺾어 우리의 뜻에 맞추게 하는 것이 아니다. 하나님의 능력을 얻을 수 있을지는 몰라도 하나님의 목적을 변화시킬 수는 없다.

트렌치(Richard Chenevix Trench) 대주교는 "우리는 기도를 하나님의 뜻을 억지로 꺾는 것이 아니라, 하나님의 지고한 뜻을 붙잡는 것이라고 생각해야 한다."라고 말했다.

하나님은 언제나 우리에게 가장 좋은 것을 원하신다. 무지와 맹목 가운데 드린 기도라도 하나님을 거기서 벗어나시게 할 수 없다. 혹시 해로운 것을 끈질기게 기도하여 우리의 뜻하는 바를 얻고 결국 해를 당하게 되기는 해도 말이다.

시편 기자는 "여호와께서는 그들이 요구한 것을 그들에게 주셨을지라도 그들의 영혼은 쇠약하게 하셨도다"(시 106:15)라고 하였다. 그들은 이 쇠약을 자초했다. 그들은 응답된 기도로 오히려 저주를 받은 것이다.

어떤 사람들은 기도란 비상사태만을 위해 있는 것으로 생각한다. 그들은 위험이 닥쳤을 때, 질병이 왔을 때, 물질이 궁핍할 때, 난관에 부딪혔을 때가 되어서야 기도한다. 마치 탄광 속에 들어간 불신자가 천장이 무너져 내릴 때면 그제야 기도하는 것과 같다. 옆에 서 있던 한 나이 든 그리스도인이 조용히 한마디 한다. "인간을 기도하게 만드는 것 중에 석탄 덩이만 한 것도 없나 보구나."

하나님의 임재 체험하기

기도는 하나님께 무엇을 구하는 것보다 훨씬 이상의 것이다. 물론 구하는 것은 우리가 완전히 하나님을 의존하고 있음을 깨닫게 하는 한 매우 귀한 일이다. 기도는 또한 (하나님께 이야기하는 것만이 아니라) 하나님과 이야기함으로 교제하는 것이다. 우리는 다른 사람들과 대화하면서 그들을 알게 된다. 하나님도 이와 마찬가지의 방법으로 알게 되는 것이다. 기도의 가장 큰 효과는 악에서 건짐을 받거나 귀한 것을 얻는 데 있지 않고, 하나님을 아는 데 있다.

"영생은 곧 유일하신 참 하나님과 그가 보내신 자 예수 그리스도를 아는 것이니이다"(요 17:3).

그렇다. 기도는 하나님을 더 깊이 발견하는 것이며, 그것은 우리 영혼의 가장 큰 발견이다. 사람들은 여전히 외친다.

"내가 어찌하면 하나님을 발견하고 그의 처소에 나아가랴"(욥 23:3).

무릎으로 사는 그리스도인들은 항상 하나님을 발견하며 또 하나님께 발견된다. 하늘에서 비친 예수님의 환상은 다메섹 길에 오른 다소 사람 사울의 눈을 멀게 했다. 그러나 후에 그는 예루살렘 성전에서 기도하는 가운데 비몽사몽간에 예수님을 보았다고 말하고 있다.

"후에 내가 예루살렘으로 돌아와서 성전에서 기도할 때에 황홀한 중에 보매 주께서 내게 말씀하시되"(행 22:17-18).

그때 그리스도께서는 그에게 이방인에게로 가라는 큰 사명을 부여하셨다. 환상은 언제나 소명과 모험의 전조이다. 이사야도 그랬다.

"내가 본즉 주께서 높이 들린 보좌에 앉으셨는데 그의 옷자락은 성전에 가득하였고"(사 6:1).

이사야 선지자는 이 사건이 일어날 때 분명히 성전에서 기도하고 있었다. 이 환상도 역시 사역을 위한 부르심의 서막이었다. 우리는 기도 없이는 하나님의 환상을 볼 수 없다. 그리고 환상이 없는 곳에서는 영혼이 죽어 간다. 하나님의 환상! 로렌스 형제(Brother Lawrence)는 "기도란 바로 하나님의 임재를 체험하는 것이다."라고 했다. 즉, 기도는 하나님의 임재를 실습하는 것이다.

하나님의 사람 호레이스 부시넬(Horace Bushnell)이 기도할 때, 그의 친구가 함께 있었다. 그 친구에게 하나님이 가까이 다가오셨다는 놀라운 느낌이 밀려왔다. 그는 "호레이스 부시넬이 양손에 얼굴을 파묻고 기도할 때, 제 손이 하나님께 닿을까 두려워서 어둠 속에 손을 내어 뻗을 수가 없었습니다."라고 말했다. 옛날 시편 기자가 "나의 영혼아 잠잠히 하나님만 바라라"(시 62:5)라고 했을 때, 이런 것을 의식하지 않았겠는가?

우리가 기도에 실패하는 이유는 대부분 "기도가 무엇인가?"라는 질문을 해결하지 못했기 때문이라고 믿는다. 항상 하나님의 임재 가운데 있음을 의식하는 것은 좋은 일이다. 하나님을 경배하는 가운데 그분을 응시하는 것은 더 좋은 일이다. 하나님과 친구처럼 교제하는 것은 가장 좋은 일이다. 이것이 곧 기도이다.

오직 하나님만을

최고의 최선으로 드리는 진정한 기도에서는 우리 영혼이 하나님을, 오직 하나님만을 갈망한다. 진정한 기도는 위에 있는 것들에 애착을 두는 사람들의 입술로부터 나온다. 기도의 사람 친첸도르프(Nikolaus Ludwig von Zinzendorf)가 그런 사람이었다. 왜 그런가? 그는 선물보다는 오히려 선물을 주시는 분을 구했다. 그가 말하기를 "나는 열렬히 사랑하는 분이 있다. 그분은 바로 하나님, 하나님뿐이다."라고 했다.

이슬람교도 이와 같은 사상을 표현하고 있는 것 같다. 그들은 기도에는 세 가지 차원이 있다고 말한다. 가장 저차원의 기도는 입술로만 할 때이고, 그다음은 굳은 결심에 의한 노력으로 우리의 생각을 하늘의 것에 고정시키는 일에 성공할 때이며, 가장 고차원의 기도는 영혼이 하나님으로부터 떠날 수 없음을 발견할 때라는 것이다.

우리는 하나님이 우리에게 "구하라."라고 명령하신 것을 알고 있다. 우리는 하나님께 순종한다. 기도가 하나님을 기쁘시게 하고, 우리의 모든 필요를 공급해 줄 것을 확신하고 안심하고 있을 수도 있다. 그러나 누구든지 자기 아버지의 선물을 원하면서 아버지가 나타나기만을 기다린다면 이상한 자녀가 아니겠는가? 우리 모두는 단순한 간구의 차원을 넘는 높은 차원에 이르기를 열망하지 않겠는가? 어떻게 하면 가능할까?

내가 보건대 단 두 단계만 필요하다. 두 가지 생각이라고도 할 수 있겠다. 무엇보다도 우선 하나님의 영광을 자각해야 하고, 그다음은 하나님의 은총을 깨달아야 한다. 우리는 가끔 다음과 같이 노래한다.

은혜와 영광이 넘치는 주님,
내 마음에 충만 충만히 부어 주소서.

어떤 사람들은 하나님의 영광이 기도와 무슨 관계가 있느냐고 물을지도 모르지만, 위와 같은 소원은 결코 허황된 것이 아니다.
우리의 기도 대상이 어떤 분인지 생각하는 것은 당연한 일이 아닌가? 아래의 2행 연구(聯句)에는 논리가 있다.

그대는 왕에게 나아간다.
큰 소원을 품고.

우리 가운데 하나님의 지극히 위대한 영광을 깊이 생각하고 경탄하면서 상당한 시간을 소요하는 사람이 있다고 생각하는가? 우리 가운데 '은혜'라는 말의 완전한 의미를 이해하고 있는 사람이 있다고 생각하는가? 우리의 기도가 때때로 너무 효험이 없고 무력한 것은 (때로는 심지어 기도를 하지 않을 때도 있지만) 하나님의 위엄과 영광을 생각하지 않고 무작정 나아가기 때문이 아닌가? 또 우리가 가까이하기 원하는 예수 그리스도 안에 있는 영광의 풍성함을 묵상하지 않기 때문이 아닌가? 우리는 하나님을 최고로 생각해야 한다.

이제 우리의 소원을 하나님 앞에 내놓기 전에 먼저 하나님의 영광과 은혜를 깊이 묵상해야 한다. 이는 하나님이 이 두 가지를 우리에게 베푸시기 때문이다.

경배와 송축, 찬양과 감사

우리의 영혼은 하나님을 바라봐야 한다. 말하자면 우리 자신을 하나님의 존전에 내어놓고 만왕의 왕이요, 만유의 주시요, "오직 그에게만 죽지 아니함이 있고 가까이 가지 못할 빛에 거하시고……존귀와 영원한 권능을 돌릴"(딤전 6:16) 하나님께 우리의 기도를 직고하자는 것이다. 그분의 지극히 큰 영광을 위하여 하나님께 경배와 찬양을 돌리자는 것이다. 성별만으로는 부족하다. 경배가 있어야 한다.

"거룩하다 거룩하다 거룩하다 만군의 여호와여 그의 영광이 온 땅에 충만하도다"(사 6:3)라고 스랍들은 외쳤다. 허다한 천군이 천사와 함께 "지극히 높은 곳에서는 하나님께 영광이요"(눅 2:14)라고 찬양하였다. 그런데 어떤 이들은 발에서 신 벗는 일(출 3:5)도 채 끝내지 않고 하나님과 교제하려 하고 있다.

입술마다 "하나님, 자비를 베푸소서."라고 부르짖네.
하지만 "하나님, 찬양받으소서."라고 부르짖지는 않는도다.
오라, 하나님께 경배하자!

우리는 담대하게 하나님의 영광으로 나아갈 수 있다. 주님은 제자들이 주님의 영광을 보게 해달라고 기도하지 않으셨던가?(요 17:24) 왜 그랬는가? 그리고 왜 온 땅이 주님의 영광으로 가득 찼는가? 망원경은 하나님의 무한하신 영광을 보여 준다. 현미경은 하나님의 영광의 극치를 포착해 낸다. 우리의 육안으로도 풍경과 햇빛, 그리고 바다와 하늘에서 뛰어난 영광을 볼 수 있다. 이 모든 것은 무엇을 의미하는가? 이것들은 다만 하나님의 영광의 일부에 불과할 뿐이다.

주님이 "아버지여……아들을 영화롭게 하사……나를 영화롭게 하옵소서"(요 17:1, 5)라고 기도하신 것은 자기 영광을 추구하신 것이 아니다. 사랑하는 주님은 우리가 그분의 무한한 신뢰성과 능력을 깨달아 단순한 믿음과 신뢰로 주님께 나아가게 되기를 원하신 것이다.

이사야 선지자는 그리스도의 초림을 예고하면서 "여호와의 영광이 나타나고 모든 육체가 그것을 함께 보리라"(사 40:5)라고 선언하였다. 이 영광을 어느 정도 체험해야 바른 기도를 할 수 있다. 그래서 주님은 "너희는 이렇게 기도하라 하늘(영광의 세계)에 계신 우리 아버지여 이름이 거룩히 여김을 받으시오며"(마 6:9)라고 하셨다. 두려움과 의심을 추방하는 데는 영광을 아는 것이 최고이다.

간구 드리기 전에 옛날 성도들이 부른 찬양을 부름으로 먼저 경배드리는 것이 기도에 도움이 되지 않을까? 일부 독실한 영혼들은 이런 도움이 필요하지 않을 것이다.

아시시의 프란체스코(Francesco)는 알베르노 산 위에서 한두 시간씩 자주 기도했었는데, 그의 입에서 가끔씩 튀어나온 말은 '하나님'이라는 말뿐이었다고 한다. 그는 경배로 시작하고 경배로 끝냈던 것이다.

그러나 대부분은 어떤 도움을 받아서 보이지 않는 하나님의 영광을 깨달아야 비로소 올바로 찬양하고 경배할 수 있다. 윌리엄 로(William Law)는 "기도를 시작할 때 하나님의 위대하심과 능력을 실감할 수 있도록 하나님의 속성들에 대한 표현을 사용하라."라고 하였다.

이 점이 너무나 중요하기 때문에 감히 독자들에게 조언하는 바이다. 어떤 사람들은 매일 기도를 시작할 때, 하늘을 쳐다보며 "성부와 성자와 성령께 영광이 있을지어다."라고 말하기도 한다. "오, 지극히 거룩하신 주 하나님, 전능하신 주여, 거룩하시고 자비로우신 구주여!" 이와 같은 기도는 종종 신령한 경외심과 거룩한 경배를 드릴 마음을 충분히 불러일으킨다. 성찬 예식의 숭고함은 최상의 영광이다.

"지극히 높은 곳에서는 하나님께 영광, 땅에서는 평화로다. 오, 주 하나님, 하늘에 계신 왕, 전능하신 아버지 하나님, 하나님의 크신 영광을 찬양하며 찬송합니다. 하나님을 경배하며, 하나님께 영광을 돌리며, 감사를 드립니다."

우리 중에 누가 이런 찬양을 드리면서도, 전능하신 주 하나님의 임재와 놀라운 위엄을 의식하지 못한 채 덤덤하게 있을 수 있겠는가? 다음 찬송은 이와 같은 목적에 도움이 된다.

빛나고 높은 보좌와 그 위에 앉으신
주 예수 얼굴 영광이 해같이 빛나네 해같이 빛나네
지극히 높은 위엄과 한없는 자비를
뭇 천사 소리 합하여 늘 찬송드리네 늘 찬송드리네.

이 찬송은 우리를 저 하늘 영광으로 끌고 간다. 다음 가사도 그렇다.

거룩 거룩 거룩 전능하신 주님
천지 만물 모두 주를 찬송합니다.

우리는 자주 "내 영혼이 주를 찬양하며 내 마음이 하나님 내 구주를 기뻐하였음은"(눅 1:46-47)이라고 외칠 필요가 있다. "내 영혼아 여호와를 송축하라 내 속에 있는 것들아 다 그의 거룩한 이름을 송축하라"(시 103:1)라고 했던 시편 기자의 정신을 포착할 수 있는가? 또한 "내 영혼아 여호와를 송축하라 여호와 나의 하나님이여 주는 심히 위대하시며 존귀와 권위로 옷 입으셨나이다"(시 104:1)라는 노래의 정신을 파악할 수 있는가? 언제쯤 "그의 성전에서 그의 모든 것들이 말하기를 영광이라 하도다"(시 29:9)라는 말씀을 나 자신의 말로 배울 수 있을지 모르겠다. 우리도 영광을 부르짖자!

이러한 경배와 송축 그리고 찬양과 감사는 우리에게 깊은 기도의 영을 줄 뿐만 아니라, 신비한 방법으로 하나님이 우리를 위해 역사하시도록 돕는다.

"감사로 제사를 드리는 자가 나를 영화롭게 하나니 그의 행위를 옳게 하는 자에게 내가 하나님의 구원을 보이리라"(시 50:23) 하신 놀라운 말씀을 기억하고 있는가?

찬송과 감사는 바로 내가 하나님께 나아갈 수 있도록 하늘 문을 열어줄 뿐만 아니라, 하나님이 나를 축복하실 수 있는 길을 예비한다. 사도 바울은 "쉬지 말고 기도하라."라고 하기 전에 "항상 기뻐하라."라고 했다. 그러므로 우리의 찬양도 기도와 마찬가지로 중단되어서는 안 된다.

나사로를 살리실 때, 주님의 기도는 감사로 시작되었다.

"아버지여 내 말을 들으신 것을 감사하나이다"(요 11:41).

주님이 이 말씀을 하실 때는 둘러선 무리가 다 들을 수 있게 하셨다. 바로 우리가 듣도록 하신 말씀이다.

영광의 왕과 함께

당신은 아마 우리가 기도의 무릎을 꿇을 때마다 왜 하나님의 영광을 특별히 감사드려야 하며, 왜 그분의 영광을 묵상하고 응시하는 데 많은 시간을 보내야 하는지 의아하게 생각할 것이다. 하나님은 영광의 왕이 아니신가? 하나님 자신과 하나님이 하시는 일 전부가 곧 영광이다. 그분의 거룩함이 영광스러우며(출 15:11), 그분의 이름이 영화롭다(신 28:58). 그분의 행하시는 일이 존귀하고 엄위하며(시 111:3), 그분의 능력이 영광스럽다(골 1:11). 또 그분의 목소리가 영광스럽다(사 30:30).

아름답고 멋진 모든 것,

크고 작은 모든 피조물,

신기하고 놀라운 만물,

주 하나님이 모두 지으셨도다.

"이는 만물이 주에게서 나오고 주로 말미암고 주에게로 돌아감이라 그에게 영광이 세세에 있을지어다 아멘"(롬 11:36). 기도로 자기에게 나아오라고 명하신 분은 바로 이 하나님이시다. 이 하나님이 바로 우리의 하나님이시며, 그분은 인간에게서 선물을 받으셨다(시 68:18). 하나님은 그분의 이름으로 불리는 모든 사람을 그분의 영광을 위해 창조했다고 말씀하신다(사 43:7). 하나님의 교회도 영광스러운 교회가 되어 거룩하고 흠이 없어야 한다(엡 5:27).

우리가 주님 안에서 발견한 그 영광을 주님은 우리와 함께 나누고 싶어 하신다는 것을 충분히 실감해 본 적이 있는가? 이것은 당신과 나, 곧 그분의 구속하심을 받은 자들을 위한 위대한 선물이다.

우리가 하나님의 영광을 많이 얻으면 얻을수록 그것을 적게 구한다는 것은 사실이다. 주님이 성도들에게서 영광을 얻으실 그날(살후 1:10)에만 우리의 영광이 나타나는 것은 아니다. 바로 오늘, 지금 여기에도 우리의 영광이 있는 것이다. 주님은 우리가 주님의 영광에 참예하는 자가 되기를 원하신다. 주님 자신이 그렇게 말씀하시지 않았는가? "내게 주신 영광을 내가 그들에게 주었사오니"(요 17:22)라고 선언하신다.

하나님의 명령은 무엇인가?

"일어나라 빛을 발하라 이는 네 빛이 이르렀고 여호와의 영광이 네 위에 임하였음이니라"(사 60:1).

아니, 이보다 한 걸음 더 나아가 "그의 영광이 네 위에 나타나리니"라고 영감받은 선지자는 선포하였다(사 60:2).

사도 베드로가 옛날 제자들에게 일러 준 것처럼 하나님은 사람들을 통해 우리에게 말씀하시곤 하신다.

"영광의 영 곧 하나님의 영이 너희 위에 계심이라"(벧전 4:14).

이것이 대부분의 기도에 대한 응답이 되지 않겠는가? 그 이상 무엇을 구할 수 있겠는가? 어떻게 하면 이 영광을 얻을 수 있는가? 어떻게 그 영광을 나타낼 수 있겠는가? 기도뿐이다. 기도할 때 성령은 그리스도의 것을 가지고 우리에게 나타내 주신다(요 16:15).

모세가 기도하면서 "원하건대 주의 영광을 내게 보이소서"(출 33:18)라고 하였을 때, 그 영광의 일부를 보았을 뿐만 아니라, 그 영광에 참예한 바 되어 그 자신의 얼굴에서 광채가 발하였다(출 34:29). 우리도 예수 그리스도의 얼굴에 있는 하나님의 영광(고후 4:6)을 응시할 때, 그 영광의 광채를 볼 뿐만 아니라 우리 자신도 그 영광의 광채를 얻게 될 것이다.

이것이 기도이며 기도로 얻는 최고의 것이다. 하나님이 우리 안에서 영광을 받으실 수 있는 다른 비결은 없다(사 60:21).

자주 그리스도의 영광을 묵상하고 응시하자. 그리하여 그 영광을 반사하고 받자. 이것이 주님의 초대 제자들에게 나타났던 것이다. 그들은 떨리는 목소리로 "우리가 주님의 영광을 보았노라."라고 말했다.

그렇다. 그다음은 어떻게 되었는가? 비천한 신분의 어부들이 잠시 그리스도의 동반자가 되어 주님의 영광을 보았다. 보라! 그들도 그 영광을 얻었다. 그 후에 다른 사람들은 놀라며 그들이 예수님과 함께 있었던 것을 알게 되었다(행 4:13).

우리가 사도 요한처럼 "우리의 사귐은 아버지와 그의 아들 예수 그리스도와 더불어 누림이라"(요일 1:3)라고 선언할 때, 사람들은 우리를 보고 "그들은 예수님과 함께 있던 자들이라."라고 동일한 말을 할 것이다.

기도함으로 우리의 영혼을 살아 계신 하나님께 향하게 하면, 마치 꽃이 햇빛을 받아 아름답게 피는 것같이 우리도 거룩한 아름다움을 얻게 될 것이다.

주님도 기도하실 때 그 모습이 변화되지 않았던가? 우리 삶에서 기도가 정상적인 자리를 차지할 때, 우리의 '외모'가 바뀔 것이며, 우리의 '변화산'에 오르게 될 것이다. 그리고 사람들은 우리 얼굴에서 '내적이고 영적인 은혜에서 오는 외적이고 가시적인 표'를 보게 될 것이다. 하나님과 인간에 대한 우리의 가치는 우리가 하나님의 영광을 사람들에게 나타내는 정도에 정비례한다.

우리가 기도하는 대상이 되는 분의 영광을 충분히 많이 이야기했기 때문에 이제는 그분의 은혜를 운운할 수가 없을 것이다.

하나님을 바라보라

기도란 무엇인가? 기도란 바로 영적 생활의 표적이다. 나는 기도하지 않는 영혼에게서 영적인 삶을 기대하기보다는 차라리 죽은 자에게서 생명을 기대하겠다. 우리의 신령함과 열매는 항상 기도에 비례한다.

이제까지 기도를 바로 알지 못하고 헤매고 있었다면, 오늘 당장 일어나 아버지께 가서 아버지께 이르기를 "아버지여."라고 할 것을 결심하자 (눅 15:18).

기도 실패의 원인은 우리가 하나님보다 사람을 보기 때문이다. 마르틴 루터(Martin Luther)가 하나님을 바라보았을 때, 가톨릭교회가 떨었다. 조나단 에드워즈(Jonathan Edwards)가 하나님을 바라보았을 때, 대각성이 일어났다. 존 웨슬리(John Wesley)가 하나님을 바라보았을 때, 세계가 한 사람의 교구가 되었다. 조지 휘트필드(George Whitefield)가 하나님을 바라보았을 때, 수많은 무리들이 구원을 받았다. 조지 뮐러(George Müller)가 하나님을 바라보았을 때, 수천 명의 고아들이 양육을 받았다. 하나님은 어제나 오늘이나 영원토록 동일하시다.

지금이 바로 하나님을 새로이 볼 때가 아닌가? 모든 영광 중에 계신 하나님을 볼 때가 아닌가? 교회가 하나님을 바라볼 때 일어날 일을 누가 말할 수 있겠는가? 다른 것을 기다리지 말자. 우리 각자 베일을 벗어던지고 티 없는 마음으로 주님의 영광을 바라보자.

"마음이 청결한 자는 복이 있나니 그들이 하나님을 볼 것임이요"(마 5:8).

존 윌버 채프먼(John Wilbur Chapman)을 만난 것은 기쁨이거니와 그만큼 인상 깊은 사람도 없었다. 그는 친구에게 다음과 같은 편지를 보냈다.

나는 기도에 관해 몇 가지 위대한 교훈을 배웠다네. 영국의 한 선교지에서 청중들이 지극히 적었는데……어떤 미국인 선교사가 우리 사역에 하나님의 축복이 임하도록 간구하겠다는 쪽지를 주었어. 그는 '기도하는 하이드'로 알려졌더군.

거의 즉각적으로 형세가 바뀌었다네. 모임 장소가 차고 넘쳤을 뿐 아니라, 처음 초청에 50명이 그리스도를 구주로 영접하였지. 헤어지면서 그에게 "하이드 씨, 저를 위해 기도해 주시기 바랍니다."라고 했더니 그가 내 방에 들어왔어. 그러고는 문을 잠그고 무릎을 꿇더니 5분간 침묵으로 기다리더군. 내 심장의 두근거림과 그의 심장 고동 소리를 들을 수 있을 정도였어.

나는 얼굴에 뜨거운 눈물이 흘러내리는 것을 느꼈고, 내가 하나님과 함께 있음을 알았다네. 그는 눈물이 흘러내리는 얼굴을 위로 들고 "오, 하나님!" 하고 입을 연 후, 다시 약 5분 정도 침묵을 지키더군. 그 후 그가 하나님과 깊은 대화를 나누고 있음을 알았을 때, 내가 전에 한 번도 들어 보지 못했던 사람들을 위한 기도가 그의 심령 깊은 곳에서부터 우러나오는 것을 보았어. 기도를 마치면서 나는 참 기도가 무엇인지 알게 되었지. 정말 그 기도는 능력 있는 것이었고, 우리가 여태껏 한 번도 드려 보지 못한 기도라고 생각한다네.

채프먼은 가끔 이런 말을 하곤 했다.

제가 참 기도가 무엇인지 깨닫게 된 것은 하이드의 기도를 통해서였습니다. 기도의 삶이란 어떤 것이며, 진정으로 성별된 삶이 어떤 것인지에 대해 아는 데는 그 누구보다 그의 힘이 컸습니다. ……예수 그리스도께서는 저에게 새로운 이상이 되었고, 주님의 기도 생활을 보게 되었습니다. 그리고 지금까지도 진정한 기도의 사람이 되어야겠다는 열망이 식지 않고 있습니다.

성령 하나님이 우리를 그렇게 가르쳐 주신다.

오, 한숨지으며 괴로워하는 자들이여,
능력이 없어 눈물짓는 자들이여,
이 온유한 속삭임을 들으라!
"한 시간도 깨어 기도할 수 없더냐?"
열매와 축복에는 왕도가 없다.
거룩한 사역을 할 수 있는 능력은
하나님과 사귀는 데 있다.

무릎으로 산 위대한 그리스도인

친첸도르프 Nikolaus Ludwig von Zinzendorf 1700-1760

친첸도르프 백작

위대한 선교 지도자이자 독일 경건주의 운동을 확산시킨 개혁자, 친첸도르프 백작은 교회 연합 운동을 시도하였고 모라비아 형제회를 세웠으며 수많은 찬송을 작사하였다. 그중에서도 무엇보다 빛나는 업적은 '선교의 위대한 세기'를 위한 주춧돌을 놓았다는 점일 것이다.

독일 드레스덴의 부유한 귀족 가문에서 태어난 그는 경건주의자인 할머니와 숙모의 영향으로 어린 시절부터 영적인 문제들에 관심을 가졌고, 그러한 성향은 할레 대학교에 입학한 후 루터교 경건주의자 프랑케(A. H. Francke)로부터 영적 감화를 받으면서 더욱 공고해졌다. 수학하는 동안 그는 친구들과 함께 '겨자씨 모임'을 조직하고 신앙 문제로 고민하는 형제들을 도우며 해외에 복음을 전하는 일에 힘썼다.

1719년 유럽 여행 도중 한 미술품 전시회에서 본 예수 수난화에 큰 감동을 받고 자신이 앞으로 감당해야 할 필생의 사역에 관하여 심사숙고하게 된다. 도메니코 페티(Domenico Fetti)가 그린 그 그림에는 '내가 너를 위하여 이 일을 당했건만 너는 나를 위하여 무엇을 하였는가?'라는 각명(刻銘)이 달려 있었던 것이다. 그때 그는 어떤 희생을 치르더라도 구세주에 대한 마음의 빚을 갚겠다고 결심하였다.

1722년 친첸도르프 백작은 그의 영지로 피난 온 기독교 피난자들을 보호하면서 그리스도께 헌신하기로 한 자신의 맹세를 지켜 나가기 시작했다. '헤른후트'(Herrnhut,

공동체 사람들에게
말씀을 전하는 친첸도르프

도메니코 페티의 '이 사람을 보라'

주님의 보호처)라 불렸던 그의 영지에는 어느덧 종교적 피난자들로 구성된 공동체가 형성되었는데, 1727년 이 공동체에 놀라운 영적 부흥이 일어나게 된다. 이 일을 계기로 친첸도르프와 공동체 사람들은 선교와 헌신에의 열망을 가지게 되었고, 이는 곧 모라비아 선교 운동으로 발전하였다.

하루 24시간 꼬박 드리는 기도가 일주일 내내 쉬지 않고 이어졌으며, 이러한 중보기도는 이후로 대를 이어 지속되었다. 이는 결과적으로 수많은 사람들이 선교를 위해 세계 곳곳으로 파송되는 결과를 낳았다.

1760년 친첸도르프가 세상을 떠나기까지 모라비아 교회는 28년간의 활동을 통해 226명의 선교사를 배출해 내었다. 한 명의 기도의 사람이 일으킨 기도 운동은 자발적 선교 운동으로 이어졌고, 비록 강 같은 순교의 피가 흐르기는 했어도 많은 일꾼들이 세계 각처에서 주어진 사명을 완수하게 하는 힘이 되었던 것이다.

단순히 우리 자신의 쾌락이나 인기나 출세를 위하여
부귀, 건강, 번영, 성공, 안락, 위안,
신령함, 사역의 열매를 구해서는 안 된다.
다만 그리스도를 위해서,
그분의 영광을 위해서 구해야 한다.

6

How Shall
I Pray?

어떻게
기도할
것인가?

주의 이름으로

어떻게 기도할 것인가? 그리스도인에게 이보다 더 중요한 질문이 있을까? 어떻게 영광의 왕께 나아갈 것인가?

기도에 관한 주님의 약속들을 읽을 때, 주님이 너무나 엄청난 권세를 우리 손에 맡기셨다고 생각하기 쉽다. 그렇지 않으면 주님이 약속을 지키실 수 없을 것이라고 속단할 수도 있다. 주님은 어떤 것이든지, 무엇이든지, 원하는 대로 구하면 그대로 될 것이라고 하셨다.

그러나 주님은 단서를 덧붙이셨다. "주의 이름으로 구하라."라고 하신 것이다. 좀 더 뒤에 알게 되겠지만, 이것은 비록 다른 말로 표현될지라도 기도의 유일한 조건이다.

그러므로 우리가 구하고도 얻지 못한다면 이 조건을 충족시키지 못했기 때문이라고 할 수 있다. 우리가 주님의 참 제자라면 그분의 이름으로

How Shall
I Pray?

구한다는 의미를 발견하는 데 노력(경우에 따라서는 무한한 노력)을 들일 것이다. 그리고 그 조건을 충족시키기까지는 만족하지 못할 것이다. 이 약속의 말씀을 다시 읽고 확인하도록 하자.

"너희가 내 이름으로 무엇을 구하든지 내가 행하리니 이는 아버지로 하여금 아들로 말미암아 영광을 받으시게 하려 함이라 내 이름으로 무엇이든지 내게 구하면 내가 행하리라"(요 14:13-14).

이 말씀은 아주 새로운 것이다. 주님이 말씀하셨기 때문이다.

"지금까지는 너희가 내 이름으로 아무것도 구하지 아니하였으나 구하라 그리하면 받으리니 너희 기쁨이 충만하리라"(요 16:24).

'내 이름으로'라는 이 단순한 조건을 주님은 다섯 번 이상 반복하여 말씀하셨다(요 14:13-14, 15:16, 16:23-24, 26). 분명히 무엇인가 매우 중요한 것이 암시되어 있다. 이것은 하나의 조건 이상으로 약속이며 격려이다. 주님의 명령은 항상 능력 부여를 의미하기 때문이다.

그렇다면 '내 이름으로' 구하라는 것은 무엇을 의미하는가? 무슨 수를 써서라도 이것을 알아야 한다. 그 이유는 이것이 기도에 있어서 모든 능력의 비결이기 때문이다. 그런데 이 말을 잘못 사용할 가능성이 있다.

주님은 "많은 사람이 내 이름으로 와서 이르되 나는 그리스도라 하여 많은 사람을 미혹하리라"(마 24:5)라고 하셨다. 주님의 말씀을 바꾸어 말하면 "그들은 스스로를 기만하면서 내 이름으로 아버지께 기도하고 있다고 생각할 것이다."가 될 것이다.

이 말은 기도의 끝에 "이 모든 말씀을 예수 그리스도의 이름으로 기도합니다."라고 끝맺는 것을 의미할 뿐인가?

분명히 많은 사람들이 그렇다고 생각하고 있을 것이다. 그럼 당신은 자기 고집과 이기심으로 가득한 기도를 하고 "예수 그리스도의 이름으로 기도합니다. 아멘." 하고 끝낸 적이 없는가?

사도 야고보가 그의 서신에서 지적한 기도는 바로 그런 기도였기 때문에 "이 모든 말씀을 예수 그리스도의 이름으로 기도합니다."라고 했지만 하나님은 응답하실 수 없었다. 그 사람들은 잘못 구하고 있었다(약 4:3). 잘못된 기도에 어떤 신비로운 문구를 갖다 단다고 해서 바른 기도가 될 수는 없는 것이다.

그리고 올바른 기도는 설혹 이런 문구가 빠졌더라도 결코 실패하지 않는다. 그렇다. 그것은 말의 문제가 아니다. 주님은 어떤 형식보다는 믿음과 사실을 중시하신다. 기도의 주목적은 주님을 영화롭게 하는 것이다. "아버지로 하여금 아들로 말미암아 영광을 받으시게"(요 14:13) 예수 그리스도의 이름으로 구해야 한다.

'내 이름으로' 구하라는 의미

우리는 단순히 우리 자신의 쾌락이나 인기나 출세를 위하여 부귀, 건강, 번영, 성공, 안락, 위안, 신령함, 사역의 열매를 구해서는 안 된다. 다만 그리스도를 위해서, 그분의 영광을 위해서 구해야 한다.

'내 이름으로'라는 중요한 말을 올바르게 이해하기 위해 다음 세 단계를 알아보자.

1. 예수님의 피로 죄 사함 받았음을 믿으라

이 말에는 그리스도의 대속의 죽음 때문에, 오직 그리스도 때문에 무엇인가 시행된다는 의미가 있다. 그리스도의 대속의 죽음을 믿지 않는 사람은 그분의 이름으로 기도할 수 없다. 혹시 이 말을 쓴다 해도 효력이 없다. "우리가 그의 피로 말미암아 의롭다 하심을 받았으니"(롬 5:9), "그의 피로 말미암아 속량 곧 죄 사함을 받았느니라"(엡 1:7, 골 1:14 참조)라는 말씀이 있기 때문이다.

유니테리언주의(Unitarianism, 삼위일체론과 그리스도의 신성을 부정하고 신격의 단일성을 주장하는 유니테리언파의 교리)가 현대주의라는 미명하에 모든 종파에 침투하고 있는 요즘, 그리스도의 피 흘리심의 위치와 역할을 기억하는 것은 매우 중요하다. 그렇지 않으면 기도는 착각과 덫이 된다.

여기서 무디(Dwight L. Moody) 선생의 사역 초기에 일어난 경험 하나를 들어 이것을 설명해 볼까 한다.

지적 은사가 매우 뛰어난 한 불신자 판사를 남편으로 둔 부인이 무디 선생에게 와서 그녀의 남편에게 말 좀 해달라고 간청했다. 무디 선생은 이런 사람을 설득시키는 일을 좀 주저했으나 매우 솔직하게 그 남편에게 이야기했다.

무디 선생은 한마디 덧붙이기를 "당신이 개종하게 되면 저에게 알려 주기로 약속하시겠습니까?"라고 했다.

그 판사는 냉소적으로 "오, 그러죠. 제가 개종하면 신속히 알려 드리겠습니다."라고 말했다. 무디 선생은 기도를 믿고 돌아갔다.

그 판사는 개종했다. 그것도 1년이 못 가서였다. 그는 약속을 지켜 무디 선생에게 경위를 설명했다.

어느 날 밤 아내가 기도회에 갔을 때, 저는 매우 불안하고 비참해지기 시작했습니다. 저는 아내가 집에 돌아오기 전에 잠자리에 들었습니다. 그런데 그날 밤 잠을 잘 수가 없었습니다. 이튿날 아침 일찍 일어나 아침을 먹지 않겠다고 아내에게 말하고는 사무실로 갔습니다. 직원들에게 휴무해도 좋다고 알리고 제 개인 사무실에 틀어박혀 있었습니다. 그러나 점점 더 비참해졌습니다. 마침내 무릎을 꿇고 저의 죄를 용서해 달라고 하나님께 기도했습니다. 그러나 저는 유니테리언 교도였고 속죄를 믿지 않았기 때문에 '예수님의 이름으로'라고 할 수가 없었습니다. 괴로워하면서 "오, 하나님, 저의 죄를 용서해 주소서."라고 계속 기도했습니다. 그러나 응답이 없었습니다. 결국 자포자기 상태에서 "오, 하나님, 예수 그리스도의 이름으로 저의 죄를 사해 주소서."라고 외쳤습니다. 그때 즉시 평화가 찾아왔습니다.

그 판사는 예수 그리스도의 이름으로 구하기 전에는 하나님의 존전에 나아갈 수 없었다. 그가 그리스도의 이름 안에 들어왔을 때, 비로소 그의 기도가 즉시 상달되어 용서를 받은 것이다.

그렇다. 예수님의 이름으로 기도한다는 것은 그리스도께서 그분의 피로 우리를 위해 구해 두신(사신) 것들을 구하는 것이다. 우리는 예수님의 피를 힘입어 성소에 들어갈 담력을 얻었다(히 10:19). 다른 방법으로는 들어갈 수 없다.

그러나 이것이 '내 이름으로'라는 말이 의미하는 전부는 아니다.

2. 주님의 뜻대로 구하라

'그리스도의 이름으로'라는 말의 가장 비근한 예는 은행에서 수표로 현금을 찾는 것을 들 수 있다.

나는 내가 예금한 금액까지만 인출할 수 있을 뿐이다. 나 자신의 이름으로는 더 이상의 인출이 불가능하다. 영국의 은행에는 나의 예금이 없기에 그곳에서는 한 푼도 인출할 수가 없다.

그러나 그 은행에 거액을 예금해 둔 어떤 부유한 사람이 나에게 그가 사인한 백지 수표를 주고 내가 원하는 금액을 써넣으라고 한다고 가정해 보자.

그가 내 친구라면 나는 어떻게 할까? 현재 나에게 필요한 금액으로 만족할까? 아니면 용기 있게 원하는 만큼 인출할까? 나 같으면 분명히 친구의 감정을 상하게 하거나 내 품위를 떨어뜨리는 일은 절대로 하지 못할 것이다.

우리는 가끔 천국이 우리의 은행이라는 말을 듣는다. 하나님은 위대한 은행가이시다. 그래서 온갖 좋은 은사와 온전한 선물이 다 위로부터 빛들의 아버지께로부터 내려온다(약 1:17).

우리는 이 무한한 보물 창고로부터 인출해 낼 수표가 필요하다. 예수님이 기도 안에 백지 수표를 주셨다. "얼마든지 써넣으라. 무엇이든지 원하는 대로 구하라. 그리하면 그대로 받으리라. 나의 이름으로 된 수표를 제시하라. 그리하면 네가 원하는 대로 줄 것이다."라고 말씀하신다. 이것을 어느 유명한 전도자의 말로 적어 보고자 한다.

이것은 내가 천국 은행에 갈 때, 즉 기도로 하나님께 나아갈 때, 일어나는 일이다. 나는 그 은행에 아무것도 예금해 두지 않았다. 나는 그곳에 아무런 신용도 없다. 그래서 나 자신의 이름으로라면 절대로 아무것도 받을 수 없을 것이다. 그러나 예수 그리스도께서는 천국 은행에 무한한 신용을 가지고 계신다. 그분은 내 수표 위에 그의 이름을 써서 그곳에 가도록 특권을 베풀어 놓으셨다. 내가 이것을 가지고 갈 때, 내 기도는 얼마든지 지불받을 수 있다. 그렇다면 그리스도의 이름으로 기도한다는 것은 나의 신용이 아니라, 그리스도의 신용을 근거로 기도하는 것이다.

이 사실은 매우 기쁜 일이요 틀림없는 사실이다. 이 수표가 정부 거래 계좌나 어떤 재벌급 회사 앞으로 발행된 수표라면 가능하면 전부 찾아 버리고 싶을지도 모른다. 그러나 우리는 우리의 모든 것을 빚지고 있고, 전심으로 사랑하고 있는 거듭 만나도 될 사랑의 하나님께 나아가고 있음을 기억해야 한다.

천국 은행에서 수표를 현금으로 바꿀 때, 우리는 맨 먼저 하나님의 존귀와 영광을 구한다. 우리는 하나님 보시기에 기뻐하실 일만을 해드리기 원한다. 수표를 현금으로 바꾸는 일, 말하자면 우리의 기도에 응답하는 일이 그분의 이름에 불명예를 초래하거나 우리에게 불신과 불안을 가져올지도 모른다. 사실 하나님의 재원은 무한하다. 그러나 그분의 영예는 침해당할 수 있다.

하지만 경험으로 미루어 보았을 때, 그런 것은 염려하지 않아도 된다. 친애하는 독자들이여, 우리 모두 가끔 이런 방법을 시도하다가 실패하지 않는가?

지금까지 그리스도의 이름으로 간구한 것은 모두 천국 은행으로부터 받아 왔다고 자신 있게 말할 수 있는 사람이 과연 몇 명이나 될까? 무엇 때문에 실패할까? 그것은 우리를 향하신 하나님의 뜻을 찾지 않기 때문이 아닐까? 하나님의 뜻을 넘어서려 해서는 안 된다.

아직 공개하지 않은 나의 개인 체험담을 이야기해 보고자 한다. 아마 그런 경우는 다시없을 것이다. 약 30년 전에 일어난 일인데 지금은 그 이유를 알고 있다. 이것은 우리가 지금 알려고 애쓰는 바 기도에 대한 훌륭한 설명이 될 것이다.

무척 바쁜 한 부자 친구가 어떤 목적을 갖고 나에게 1파운드를 주고 싶어 했다. 그는 나를 그의 사무실로 초대하여 급하게 그 액수의 수표를 썼다. 그는 그 수표를 접어서 내게 건네주며 "횡선 수표로 하지 않았으니까 은행에 가서 현금으로 바꾸어 가게."라고 말하는 것이었다.

은행에 도착하여 금액 확인에는 신경 쓰지 않고 수표 뒷면에 배서한 후 담당 직원에게 제시했다. 직원은 가는 눈을 뜨고 나를 쳐다보면서 "손님, 이 금액은 카운터에서 바꾸기에는 너무 많은 금액입니다."라고 했다. 웃으면서 나는 "그래요. 1파운드이지요."라고 대답했다. 직원은 "아닙니다. 이건 1,000파운드짜리 수표입니다."라고 했다.

정말 그랬다! 내 친구는 거액의 수표를 발행하는 데 습관이 되어 있어서 실제로 1파운드가 아니라 1,000파운드라고 썼던 것이다.

자, 그럼 법률적으로 나의 처지는 어떤가? 그 수표는 실제로 친구의 이름으로 되어 있었다. 그의 사인도 틀림없었다. 나의 배서도 이상이 없었다. 잔고가 충분히 있는 한 내가 1,000파운드를 요구할 수 없겠는가? 그 수표는 의식적으로 써서 내게 준 것이다. 왜 그 선물을 받지 않겠는가?

그러나 나는 그 친구에게 많은 호의의 빚을 지고 있었다. 그는 나에게 그의 마음을 보여 주었다. 그리고 나는 그의 기대와 바람을 알고 있었다. 그는 나에게 1파운드만 주기 원했다. 나는 그의 의도와 마음을 알았기에 너무나도 관대한 그 수표를 즉각 회수했다. 그리고 적당한 시기에 그의 뜻에 따라 딱 1파운드만 받았다. 그가 백지 수표를 주었더라도 그 결과는 똑같았을 것이다. 그는 내가 1파운드를 기재하기를 기대했을 것이다. 나의 의리도 그 액수를 기록하느냐에 달려 있었을 것이다.

어떤 교훈을 배울 수 있는가? 하나님은 우리 각 사람을 향해 뜻을 가지고 계신다. 그 뜻을 알려 하지 않으면, 하나님이 우리에게 1을 최선의 것으로 보실 때 우리는 1,000을 요구할 수 있다는 것이다.

우리는 기도를 통해 친구이신 사랑하는 아버지께 나아간다. 우리는 모든 것을 그분으로부터 얻고 있다. 그분은 우리가 원할 때 언제든지 와서 필요한 것을 무엇이든지 구하라고 하신다. 그분의 재원은 무한하다.

그러나 하나님은 반드시 그분의 뜻에 맞는 것만, 즉 그분의 이름에 영광이 되는 것만 구해야 함을 기억하라고 명하신다. 요한은 "그의 뜻대로 무엇을 구하면 들으심이라"(요일 5:14)라고 말한다. 그래서 친구이신 하나님은 백지 수표를 주시면서 무엇이든지 기재해 넣으라고 하신다.

그러나 하나님은 우리가 진정으로 그분을 사랑한다면 우리에게 주시고자 하지 않는 것들은 절대로 기재해서는 안 된다는, 즉 결코 간구해서는 안 된다는 것을 아신다. 왜냐하면 그것들은 우리에게 해로울 것이기 때문이다.

우리 중 대부분은 다른 측면에서 오류를 범하고 있다. 하나님은 우리에게 백지 수표를 주시면서 1파운드를 요구하라고 하신다. 그런데 우리는 1실링(1/20파운드)을 구하는 것이다. 내가 친구에게 이와 같이 대하는 것이 그에게 모욕이 되지 않겠는가? 우리는 충분히 요구하고 있는가? 하나님의 영광의 풍성함에 걸맞게 요구하고 있는가?

그러나 문제는 지금 하나님이 우리를 위해 가지고 계신 뜻을 배우지 않고는 그분의 이름으로 기도하는지 자신할 수 없다는 것이다.

3. 하나님의 영광을 위해 구하라

그러나 아직도 '내 이름으로'라는 말의 의미를 완전히 파악하지 못했다. 우리는 모두 타인의 이름으로 무엇을 요구하는 것이 어떤 것인지 알고 있다. 우리는 누구든지 신용할 수 없는 사람이 우리의 이름을 사용하지 못하게 하려고 세심한 신경을 쓴다. 그렇지 않으면 명예와 신용에 먹칠을 당할 수가 있다.

믿었던 사환 게하시가 나아만을 쫓아가서 엘리사의 이름을 불명예스럽게 사용했다. 엘리사의 이름으로 그는 재물을 획득했다. 그러나 그는 그 악행으로 인해 저주를 받았다.

신뢰받는 직원은 종종 고용주의 이름을 써서 거액의 돈을 마치 자기 자신의 것인 양 다룬다. 그러나 이 경우 그는 이렇게 할 자격이 있다고 마음속으로 확신할 때만 할 수 있는 것이다. 그리고 그 돈은 자기 자신을 위해 쓰는 것이 아니라 주인을 위해 쓴다. 우리의 모든 돈은 주인이신 예수 그리스도의 것이다. 모든 것을 하나님의 영광을 위해 쓴다면 그것을 공급받기 위해 그분의 이름으로 나아갈 수 있다.

내 앞으로 된 수표를 현금으로 바꾸기 위해 갔을 때, 고객의 사인이 분명하고 내가 수취인임이 확인되면 은행에서는 쾌히 받아 준다. 나의 신상에 대하여 전혀 조회하지 않는다. 은행은 내가 그 돈을 수취할 자격이 있는지 또는 그 돈을 올바르게 사용할 수 있는지에 대하여 조사할 아무런 권한이 없는 것이다.

천국 은행도 그와 마찬가지다. 자, 이것이 가장 중요한 점이다. 지금 한 말을 건성으로 넘기지 말라.

내가 측량할 수 없이 풍부한 그리스도의 부로 기록된 수표를 가지고 예수님의 이름으로 천국 은행에 갈 때, 하나님은 내가 그것을 수령하기에 합당한 자가 되기를 요구하신다. 나는 거룩하신 하나님께 무엇을 받을 수 있는 공로를 세우거나 자격이 있다는 의미에서 합당한 자가 아니다. 나 자신의 영광이나 이익을 위하지 않고, 다만 하나님의 영광을 위해 그 선물을 요구한다는 의미에서 합당한 자를 말한다. 그렇지 않으면 기도해도 얻지 못한다.

"구하여도 받지 못함은 정욕으로 쓰려고 잘못 구하기 때문이라"(약 4:3).

천국 은행가는 우리의 동기가 정당하지 못하면 수표를 현금으로 바꾸어 주지 않으신다. 이것이 수많은 사람들이 기도에 실패하는 원인이 아니겠는가? 그리스도의 이름은 그분의 인격을 보여 주는 것이다.

주님의 이름으로 기도하는 것은 그분의 보냄을 받은 대리인으로서 보낸 자의 인격으로 기도하는 것이다. 그것은 그분의 성령으로 그분의 뜻에 맞추어 기도하고, 우리의 간구에 그분의 결재를 얻고, 그분이 찾으시는 바를 찾으며, 주님 자신이 이루어지기 원하시는 것을 이루려고 도움을 요청하는 것이며, 우리 자신의 영광을 위해서가 아니라 다만 주님의 영광만을 위해서 그것을 원하는 것이다.

우리는 주님의 이름으로 기도하기 위해 관심과 목적을 확인해야 한다. 자신과 그 목적과 욕구가 전적으로 하나님의 성령에 의해 통제를 받아야 하며, 그렇게 함으로써 우리의 뜻과 그리스도의 뜻이 완전한 조화를 이루게 된다.

우리는 "오, 주여, 당신의 뜻을 나의 뜻인 양 행하게 하옵소서. 그리하시면 당신이 나의 뜻을 당신의 뜻인 양 행하시리이다."라고 부르짖은 아우구스티누스(Aurelius Augustinus)의 경지에 이르러야 한다.

하나님의 자녀들이여, 주님의 이름으로 기도하는 것이 우리 힘으로는 불가능한 것같이 보이는가? 주님의 의도는 그렇지 않다. 주님은 우리를 기만하지 않으신다. 주님은 성령에 대하여 말씀하시면서 이런 말씀을 주셨다.

"보혜사 곧 아버지께서 내 이름으로 보내실 성령 그가 너희에게 모든 것을 가르치고 내가 너희에게 말한 모든 것을 생각나게 하리라"(요 14:26).

주님은 우리가 성령의 지배를 받음으로써 그리스도의 이름으로 행하기 원하신다.

"무릇 하나님의 영으로 인도함을 받는 사람은 곧 하나님의 아들이라"(롬 8:14).

그러므로 아들만이 "우리 아버지"라고 말할 수 있다.

주님은 다소 사람 사울에 대하여 "이 사람은 내 이름을 이방인과 임금들과 이스라엘 자손들 앞에(한글 개역개정에는 '에게'로 되어 있다—편집자 주) 전하기 위하여 택한 나의 그릇이라"(행 9:15)라고 말씀하셨다. '그들에게'(to them)가 아니라 '그들 앞에'(before them)이다. 그래서 사도 바울은 하나님이 아들을 내 속에 나타내기를 기뻐하셨다고 말하고 있다(갈 1:16).

우리가 백성들 앞에서 그분의 이름을 전하지 않으면 그리스도의 이름으로 기도할 수가 없다. 이것은 우리가 주님 안에 거하고, 주님의 말씀이 우리 안에 거할 때만 가능하다. 그래서 마음이 바르지 않은 한, 기도는 그릇될 수밖에 없다는 결론에 이른다.

그리스도께서는 "너희가 내 안에 거하고 내 말이 너희 안에 거하면 무엇이든지 원하는 대로 구하라 그리하면 이루리라"(요 15:7)라고 하셨다.

하나님께 귀 기울이라

다음 세 가지 약속은 다른 말로 표현되고 있으나 실제로는 같은 말이다.

"너희가 내 이름으로 무엇을 구하든지……내가 행하리라"(요 14:13-14).

"너희가 내 안에 거하고 내 말이 너희 안에 거하면 무엇이든지 원하는 대로 구하라 그리하면 이루리라"(요 15:7).

"그의 뜻대로 무엇을 구하면 들으심이라"(요일 5:14).

이 말은 다음과 같은 사도 요한의 말로 요약할 수 있다.

"무엇이든지 구하는 바를 그에게서 받나니 이는 우리가 그의 계명을 지키고 그 앞에서 기뻐하시는 것을 행함이라"(요일 3:22).

하나님이 명하신 것을 행할 때, 하나님은 우리의 간구를 행하신다. 하나님께 귀 기울이라. 그러면 하나님도 당신에게 귀 기울이실 것이다. 하나님 안에 거하는 그 조건만 만족시켜 드리면 주님은 그의 나라, 곧 천국의 위임권을 우리에게 수여하신다.

이 얼마나 놀라운 사실인가! 하나님의 마음과 소원과 뜻을 열렬하고 진지하게 찾아야 하지 않겠는가? 우리 가운데 누구든지 자기 추구에만 급급하다가 이렇게 측량할 수 없는 부요함을 놓치게 되면 얼마나 안타깝겠는가?

우리는 하나님의 뜻이 우리에게 최선의 것이며, 하나님이 우리에게 축복하시고 또 우리가 복 받기를 열망하고 계심을 알고 있다. 또 자신의 취향을 좇으면 자신과 사랑하는 자들에게 해롭다는 것은 너무나도 확실함을 알고 있다. 우리를 위한 하나님의 뜻을 저버리는 것은 재앙을 자초하는 것임을 알고 있다.

하나님의 자녀들이여! 왜 하나님을 전폭적으로 완전히 신뢰하지 않는가? 이제 우리는 다시 한 번 거룩한 삶에 직면해 있다. 우리는 구주께서 기도하라고 하신 명령이 순전히 거룩하라는 경종이라는 너무나도 분명한 사실과 마주 대하고 있다.

너희는 거룩하라!

거룩하지 않으면 아무도 하나님을 볼 수 없으며 기도도 효력이 없기 때문이다.

하나님의 뜻대로

우리가 기도 응답을 받아 본 적이 없다고 고백하면, 그것은 하나님이나 하나님의 약속 또는 기도의 능력을 탓하는 것이 아니라 우리 자신을 나무라는 것이 된다. 기도만큼 영적 생활을 달아 보는 좋은 방법은 없다. 누구든지 기도하기를 애쓰는 사람은 자기가 바로 하나님의 목전에 서 있음을 즉시 발견하게 된다.

우리가 승리의 생활을 살지 않고서는 올바르게 그리스도의 이름으로 기도드릴 수 없고, 그 기도 생활은 반드시 나약하고 변칙적이며 간간이 땜질하는 실효성 없는 거짓일 수밖에 없다.

'예수님의 이름으로'라는 말은 틀림없이 '예수님의 뜻대로'라는 말과 같다. 그러나 우리가 그분의 뜻을 알 수 있을까? 분명히 알 수 있다. 사도 바울은 "너희 안에 이 마음을 품으라 곧 그리스도 예수의 마음이니"(빌 2:5)라고 말했을 뿐 아니라, "우리가 그리스도의 마음을 가졌느니라"(고전 2:16)라고 담대히 선언했다. 그러면 하나님의 뜻을 어떻게 알 수 있는가?

우리는 "여호와의 친밀하심이 그를 경외하는 자들에게 있음이여"(시 25:14)라는 말씀을 되새겨 보아야 한다.

우선 하나님의 뜻을 알고 그 뜻을 실행하려는 의도 없이는, 하나님이 우리에게 그분의 뜻을 계시해 주실 것을 기대해서는 안 된다. 하나님의 뜻을 아는 것과 그 뜻을 행하는 것은 함께 움직여야 하는 것이다. 흔히 하나님의 뜻을 알려고 하는 것은 그 뜻을 순종할 것인지 말 것인지를 결정하려는 것이다. 이런 태도는 비참하다.

"사람이 하나님의 뜻을 행하려 하면 이 교훈이 하나님께로부터 왔는지 내가 스스로 말함인지 알리라"(요 7:17).

하나님의 뜻은 성경 말씀에 드러나 있다. 하나님의 말씀에 무엇을 약속해 놓았는지는 그분의 뜻을 따라야 알 수 있다.

예를 들면, 하나님의 말씀에 "너희 중에 누구든지 지혜가 부족하거든 모든 사람에게 후히 주시고 꾸짖지 아니하시는 하나님께 구하라 그리하면 주시리라"(약 1:5)라고 하셨기 때문에 자신 있게 지혜를 구할 수 있다. 우리를 향한 하나님의 뜻을 발견할 수 있는 하나님의 말씀을 연구하지 않고서는 유능한 기도의 사람이 될 수 없다.

그러나 기도의 큰 조력자는 하나님의 성령이다. 사도 바울의 놀라운 말씀을 다시 한 번 읽어 보자.

"이와 같이 성령도 우리의 연약함을 도우시나니 우리는 마땅히 기도할 바를 알지 못하나 오직 성령이 말할 수 없는 탄식으로 우리를 위하여 친히 간구하시느니라 마음을 살피시는 이가 성령의 생각을 아시나니 이는 성령이 하나님의 뜻대로 성도를 위하여 간구하심이니라"(롬 8:26-27).

얼마나 위로가 되는 말씀인가! 기도에 있어서 무지와 무력함이 우리를 성령께 맡기는 계기가 된다면 그야말로 축복이다. 예수님의 이름을 찬양하자. 핑계 댈 것이 없다. 우리는 기도하지 않으면 안 된다. 우리는 기도할 수 있다.

하늘에 계신 하나님이 구하는 자에게 성령을 주기로 약속하신 것(눅 11:13)과 또한 좋은 것으로 주기로 하신 것(마 7:11)을 기억하라.

내가 무엇을 하리이까?

하나님의 자녀들이여, 당신들은 가끔 기도를 드려 왔고 때로는 틀림없이 나약하고 게을러빠진 기도에 슬퍼한 적도 있었을 것이다. 그러나 진심으로 그분의 이름으로 기도를 드려 본 적이 있는가?

우리가 기도에 실패하고 어떤 기도를 어떤 방법으로 드려야 할지 모를 때, 성령이 우리를 도우시기로 약속되어 있다.

그리스도께 완전히 그리고 전심을 다하여 굴복하는 것이 좋지 않겠는가? 이것도 저것도 아닌 그리스도인은 하나님께도 사람에게도 거의 쓸모가 없다. 하나님은 그런 자를 쓰실 수 없으며 사람들도 몹시 싫어한다. 다만 그런 자는 위선자로 취급받을 뿐이다. 삶 속에 남겨 둔 한 가지 죄가 즉시 우리의 유용함과 기쁨, 그리고 기도의 능력을 빼앗아 가 버린다.

사랑하는 자들이여, 우리는 주 예수 그리스도의 은혜와 영광을 새롭게 보았다. 주님은 그분의 영광과 은혜를 모두 우리와 함께 나누기를 바라며 기다리고 계신다. 주님은 우리를 축복의 통로로 삼기 원하신다. 진지하고도 신실하게 하나님을 경배하며, 열렬하고 간절하게 "주님 무엇을 하리이까"(행 22:10)라고 부르짖고, 그분의 능력으로 이를 행해야 하지 않겠는가?

사도 바울은 한때 하나님께 "내가 무엇을 하리이까?"라는 기도를 올렸다. 그가 받은 응답은 무엇인가? 들어 보라. 그는 그것이 자신에게 무엇을 의미하며 또 우리에게 무엇을 의미해야 하는지를 모든 믿는 자에게 다음과 같이 말하고 있다.

"사랑받는 자처럼 긍휼과 자비와 겸손과 온유와 오래 참음을 옷 입고……이 모든 것 위에 사랑을 더하라……그리스도의 평강이 너희 마음을 주장하게 하라……그리스도의 말씀이 너희 속에 풍성히 거하여 모든 지혜로……또 무엇을 하든지 말에나 일에나 다 주 예수의 이름으로 하고 그를 힘입어 하나님 아버지께 감사하라"(골 3:12-17).

우리가 행하는 모든 것이 주님의 이름으로 수행될 때, 주님은 우리가 주님의 이름으로 구하는 모든 것을 행하신다.

무릎으로 산 위대한 그리스도인

드와이트 L. 무디 Dwight L. Moody 1837-1899

드와이트 L. 무디

미국의 대표적인 복음 전도자인 무디는 어린 나이에 아버지를 여의고 9남매의 가난한 가정에서 어렵게 자라났다. 생계를 잇는 데 급급하여 정기 교육은 제대로 받아 본 적이 없고 구둣방 점원 노릇으로 근근이 삶을 이어 가야 했다.
그러나 그러한 그가 예수님을 만나고부터는 세상 그 누구보다 강력한 권능을 부여받고 엄청난 스케일로 하나님께 쓰임을 받았다. 비록 목사 안수조차 받지 못했지만, 이 평신도는 19세기의 가장 유명한 목사라고 불리게 되었다.
주체하지 못할 정도로 뜨거운 애정으로 청중을 대하고 또 청중으로 하여금 그 영향력을 고스란히 느끼게 하는 능력을 타고난 그에게 있어 하나님의 사랑이야말로 그가 믿었던 그리고 행동했던 모든 것들의 주제였다.
무엇보다도 그의 삶에서 위대한 권능이 드러날 수 있었던 비결은 그가 기도의 사람이었다는 데 있다. 그는 그의 영혼 가장 깊은 곳에서부터 여호와께는 능치 못함이 없다는 것을 믿고 있었다. 그는 인생길에 놓인 온갖 어려움들을 기도로써 이긴 사람이었다. 그가 행한 모든 일에는 반드시 기도의 뒷받침이 있었다.

나의 주 나의 구세주여,
무엇을 위해서든지 나를 써 주시옵소서.

무디와 그의 첫 번째 주일학교
고아 출신 학생들, 1870년경 시카고

런던 왕립 농업 홀에서
부흥 집회를 인도하는 무디

어떤 일에서든지 나를 쓰시고
어떤 방법으로든지 주님이 나를 요구하소서.

여기 내 가난한 심령이 있사옵니다.
빈 그릇인 나를 주님의 영광으로 채워 주시옵소서.
여기 죄스럽고 번민하는 내 심령이 있사옵니다.
그것을 뒤엎고 주님의 사랑으로 새롭게 하옵소서.

주님 계신 곳에 내 마음을 드립니다.
내 입으로 주님의 영광을 널리 알리게 하옵소서.
주님을 의지하는 백성들을 위하여
내 사랑과 내 힘을 드리옵니다.

결코 흔들림 없는 확고부동함을 주시고
내 신앙이 더욱 강해지게 해주시옵소서.
그리하여 마음으로부터
'예수님이 나를 필요로 하시오매 내가 곧 나서리라.'라는 말이
가능하게 하시옵소서. 아멘.

기도는 져야 할 짐이나
감당해야 할 지겨운 의무가 아니다.
무한한 기쁨과 능력을 주기 위한 것이다.
때를 따라 돕는 은혜를 얻기 위하여
우리에게 주어진 것이다.

7

Must I Agonize?

기도는 힘들게 해야 하는가?

짐과 의무 vs 기쁨과 능력

기도는 시간에 의해서가 아니라 강도(强度)에 의해서 평가된다. 진지한 사람들은 『기도하는 하이드』(Praying Hyde)와 같은 책을 읽을 경우 "나도 그렇게 기도할 수 있을까?" 하고 염려하는 질문을 하게 된다.

하나님 앞에 무릎 꿇고 기도하고 기도하며 또 기도하는 가운데 때때로 식사를 거부하고 단잠을 경멸하면서까지 온종일 또는 온밤을 지새우는 사람들의 이야기를 듣는다. 그럴 때는 자연스럽게 놀라면서 '우리도 그렇게 해야 하는 것일까? 우리도 모두 그들을 본받아야 할까?'라고 생각하게 된다.

그런 기도의 사람들은 시간을 따져 가며 기도하지 않았다는 사실을 기억해야 한다. 그들은 기도를 중단할 수 없었기 때문에 그토록 오래 기도를 계속했던 것이다.

Must I
Agonize?

    더러는 내가 앞에서 설명한 장들에서 우리가 반드시 따라야 할 것들을 암시했다고 생각한다. 하나님의 자녀들이여, 이런 생각과 염려로 괴로워하지 말라. 다만 하나님이 당신에게 행하게 하시는 것, 즉 하나님이 이끄시는 대로만 하라. 이를 위해 생각하고 기도하라.

    우리는 주 예수님으로부터 사랑하는 하늘에 계신 아버지께 기도하라는 명령을 받았다. 우리는 때때로 '그 크신 하나님의 사랑'을 노래한다. 그 사랑은 측량할 수가 없다.

    기도는 져야 할 짐이나 감당해야 할 지겨운 의무가 아니다. 무한한 기쁨과 능력을 주기 위한 것이다. "때를 따라 돕는 은혜를 얻기 위하여"(히 4:16) 우리에게 주어진 것이다. '때를 따라'는 항상 '필요한 때'를 의미한다. "기도하라."는 복종해야 할 명령이라기보다 오히려 받아들이기를 바라는 초대이다.

자녀가 아버지에게 무엇을 부탁하러 가는 것이 짐이 되겠는가? 아버지는 자녀를 사랑하고 가장 좋은 것으로 주기 위해 얼마나 고심하는가? 아버지는 어린 자녀들이 슬픔이나 고통, 괴로움을 당하지 않도록 얼마나 감싸고 보호하는지 모른다. 하늘에 계신 우리 아버지께서는 이 땅의 어떤 아버지보다도 우리를 더욱 한없이 사랑하신다. 예수님도 이 땅 위의 어떤 친구보다 한없이 우리를 더욱 사랑하신다.

이 귀중한 기도의 주제에 관하여 혹시 나의 말이 기도에 대해 더 많이 알려고 갈망하는 사람들의 마음이나 양심에 상처가 되더라도 하나님은 용서해 주신다. "너희 하늘 아버지께서 아신다."라고 주님은 말씀하셨다. 하나님이 아신다면 우리는 믿고 두려워할 필요가 없다.

할 수 있는 데까지

선생님은 숙제를 게을리하거나 지각하거나 자주 결석하는 아동을 꾸지람할 수 있지만, 가정에 있는 사랑하는 아버지는 그 모든 사정을 알고 있다. 아버지는 그 어린아이가 집에서 헌신적으로 봉사하는 것을 알고 있다. 집에서 질병이나 빈곤으로 인해 꼬마도 많은 사랑의 수고를 한다는 것을 말이다.

고마우신 하나님 아버지께서도 우리의 모든 것을 알고 계신다. 하나님은 보고 계신다. 하나님은 우리가 오래 기도할 수 있는 기회가 얼마나 없는지 아신다.

어떤 이들에게는 하나님이 여가를 주신다. 때로는 우리가 올려다보도록 누이신다(시 23:2). 그때조차도 육신이 연약하여 기도 시간을 오래 내지 못한다. 그러나 아무리 우리의 변명이 크고 정당하다 할지라도 기도에 대해 충분히 생각한 사람이 있는지 묻고 싶다.

어떤 사람들은 기도를 많이 해야만 한다. 우리의 하는 일이 기도를 요구하기 때문이다. 우리는 영적 지도자로 대우받고 있을 수도 있다. 타인의 영적인 복지와 훈련을 책임지고 있는지도 모른다. 하나님은 그들을 위해 기도하기를 쉬는 죄를 범하지 말라고 하신다(삼상 12:23). 그렇다. 기도하는 것은 바로 우리의 임무요 평생 할 일이다.

어떤 사람들은 고통을 주는 친구들은 있지만, 주님 안에서 친구들을 사귀어 본 적이 없는 이들이 있다. 그런 사람들은 기도하지 않을 수 없다. 우리 심령에 이런 짐이 있다면 "내가 얼마 동안 기도해야 할까?"라고 묻지 않을 것이다.

그러나 수많은 사람들의 기도 생활을 가로막는 어려움들을 우리는 너무나 잘 알고 있지 않은가? 글을 쓰고 있는 지금 내 앞에는 편지 더미가 놓여 있다. 거기에는 변명과 그럴 듯한 이의나 이유들이 가득 차 있다. 모두 다 타당성이 있다. 그러면 편지를 쓴 이유가 그런 것 때문일까? 천만의 말씀이다.

그 편지들 속에는 하나님의 뜻을 알려 하고, 어떻게 하면 삶의 무수한 방해들에도 불구하고 기도하라는 명령을 순종할 수 있을까 하는 깊은 갈망이 담겨 있다.

이 편지들은 다른 일을 제쳐 두지 못하고 은밀한 기도 시간을 갖지 못하는 사람이 많음을 보여 준다. 즉, 침실을 다른 사람과 함께 사용하기 때문에 은밀한 기도 시간을 갖지 못하는 사람들, 세탁과 요리, 수선, 청소, 장보기, 방문 등 끊임없이 계속되는 일들로 인해 눈코 뜰 새 없이 바쁜 어머니, 가정부, 주부, 그리고 일과가 끝나면 너무 지쳐서 기도할 수 없는 노동자 등이다.

하나님의 자녀들이여, 하늘에 계신 아버지께서는 이 모든 것을 다 알고 계신다. 하나님은 공사장 감독이 아니라 우리 아버지이시기 때문에, 기도할 시간적 여유가 없거나 은밀히 기도할 기회가 없다면 그냥 솔직하게 하나님께 말씀드리라. 그러면 곧 당신은 기도하고 있음을 발견하게 될 것이다.

한적한 곳을 얻을 수 없는 사람들이나 잠시나마 조용한 예배당에 홀로 들어갈 기회조차 없는 사람들에게 사도 바울의 놀라운 기도 생활을 말해 주고 싶다. 우리가 알고 있는 사도 바울의 경이로운 기도의 대부분은 그가 옥중에 있을 때 기록한 것이 아닌가? 그의 모습을 그려 보라.

그는 감옥에 갇혀 밤낮 로마 군병의 감시를 받아서 홀로 있는 시간을 가져 본 적이 없었다. 에바브라는 한동안 거기 있으면서 스승의 기도 열정을 흡수하였다. 누가도 거기에 있었는지도 모른다. 이런 가운데 기도 모임이 있을 수 있었겠는가! 그에게는 은밀히 기도할 기회가 없었다.

그렇다! 우리는 그 쇠고랑에 묶인 손으로부터 얼마나 격려를 받는지 모른다.

당신과 나는 바빠서 결코 홀로 있을 시간이 없을지도 모른다. 그러나 적어도 우리의 손은 쇠고랑에 채워지지는 않았으며, 우리의 마음과 입술도 매여 있지 않다.

기도 시간을 낼 수 있는가? 내 생각이 잘못되었을지도 모르나 나의 신앙에서 볼 때, (다는 아니겠지만) 대부분의 사람들이 충분한 식사와 수면을 포기하면서까지 장시간 기도하여 육체를 상하게 한다는 것은 하나님의 뜻이 아니라고 생각한다. 많은 사람들은 육신이 약하기 때문에 오랜 시간 동안 정신을 집중하여 기도하지 못한다.

기도하는 자세는 물리적인 것이 아니다. 하나님은 우리가 무릎을 꿇든지, 서든지, 앉든지, 걷든지, 일하든지 언제나 들으신다.

좀 더 많이 기도하고자 휴식 시간을 포기하면서까지 기도할 때, 하나님은 특별한 힘을 주시기도 한다는 사실이 입증되고 있다.

한때 나는 기도하고 하나님과 교제하기 위해 매일 아침 일찍 일어나려고 노력했다. 얼마 후 매일의 일과가 긴장과 효과 면에서 피해를 입고 있으며, 초저녁에 자지 않고는 견딜 수 없음을 깨달았다.

그러나 우리는 할 수 있는 데까지 기도하고 있는가? 새벽에 기도하는 데에 더욱 열심을 내지 않고 젊고 패기에 찬 시절을 흘려보낸 것이 나에게는 늘 후회가 된다.

"쉬지 말고 기도하라"(살전 5:17)라는 말은 영감받은 명령임이 너무나 분명하다. 사랑하는 주님이 말씀하시기를 항상 기도하고 낙망하지 말아야 (절대로 낙심하지 말아야) 한다고 하셨다(눅 18:1).

물론 이 말씀은 언제나 무릎 꿇고 있으라는 의미는 아니다. 하나님은 우리가 기도한다 하면서 정당한 임무를 게을리하는 것을 원하지 않으신다. 그러나 일하는 시간을 줄이고 기도를 더 한다면 일을 더 많이 더 잘하게 될 것은 확실하다.

열심히 일하자. 일을 게을리해서는 안 된다(롬 12:11 참조). 사도 바울은 이렇게 말했다.

"또 너희에게 명한 것같이 조용히 자기 일을 하고 너희 손으로 일하기를 힘쓰라……단정히 행하고 또한 아무 궁핍함이 없게 하려 함이라"(살전 4:11-12).

"누구든지 일하기 싫어하거든 먹지도 말게 하라"(살후 3:10).

기도의 습관화

날마다 거룩한 손을 들어, 적어도 거룩한 마음으로 아버지께 기도할 수 있는 기회가 있지 않은가?(딤전 2:8 참조) 날마다 새날을 맞으면서 눈을 뜨는 순간 우리를 구속하신 주님께 찬양과 감사를 돌리는 기회를 갖고 있는가?

그리스도인들에게는 매일매일이 부활절이다. 옷을 입으면서도 기도할 수 있다. 그러나 생각나게 하는 것이 없으면 잊어버릴 때가 많다. 당신이

늘 들여다보는 거울 한구석에 "쉬지 말고 기도하라."라는 쪽지를 붙여 놓으라. 이 일을 하다가 저 일로 옮겨 갈 때, 기도할 수 있다. 일하면서도 기도할 수 있다. 빨래할 때나 글을 쓸 때, 무엇을 고치거나 아기를 볼 때, 그리고 요리하거나 청소할 때도 얼마든지 기도할 수 있다.

모든 사람이 마찬가지겠지만, 특히 아이들은 사랑하는 사람이 지켜볼 때, 주어진 일을 더 잘하려고 하고 더 잘 논다. 이 사실은 예수님이 항상 우리와 함께 계시면서 지켜보신다는 사실을 생각나게 해주지 않는가? 주님의 눈이 우리를 향하고 있다는 의식은 바로 주님의 능력이 우리 안에 있다는 의식이 될 것이다.

사도 바울이 "주께서 가까우시니라"(빌 4:5), 즉 주님이 가까이 계신다고 말할 때, 어떤 지정된 기도의 시간보다는 오히려 습관적인 기도 생활이 그의 심중에 있었으리라고 생각되지 않는가?

"너희 관용을 모든 사람에게 알게 하라 주께서 가까우시니라 아무것도 염려하지 말고 오직 모든 일에 기도와 간구로, 너희 구할 것을 감사함으로 하나님께 아뢰라"(빌 4:5-6).

'모든 일'이란 우리에게 닥치는 일마다, 순간순간 그때 그 자리에서 가까이 계시는 주님께 기도하고 찬양하는 일로 대처하라는 제안의 말이 아니겠는가? 왜 우리는 '가깝다.'라는 말을 주님의 재림에만 국한시키려 하는가?

기도는 가까이 계시는 하나님께 드리는 것이다. 이 얼마나 복된 말씀인가? 주님이 제자들을 파송하실 때, "볼지어다 내가……너희와 항상 함께 있으리라"(마 28:20)라고 하셨다.

저명한 의사 토머스 브라운(Thomas Browne) 경은 이 정신을 잘 살렸다. 그는 다음과 같이 서원했다.

나는 집이나 도로나 거리 등 침묵이 허용되는 모든 장소에서 기도하겠다. 그리고 하나님을 잊지 않고 구주께서 이 도시의 모든 거리에 계신다는 것을 명심하겠다. 우리 마을과 교구도 내가 그렇게 하는 것을 목격하도록 하겠다. 차를 타고 가다가 교회가 눈에 띄면 기도할 기회로 알겠다. 매일 기도하되 특별히 내가 진료하는 환자들을 위해 기도하며, 타인의 진료를 받는 모든 환자를 위해서도 기도하겠다. 환자의 가정에 들어서면 "하나님의 평강과 자비가 이 가정에 임하소서."라고 기도하겠다. 설교 후에도 기도하고 복을 빌며, 목사님을 위해서도 기도하겠다.

하지만 누군가는 길건 짧건 간에 일정한 기도의 시간 없이도 주님과의 이 같은 습관적인 교제가 가능할 것인지 물을 것이다. 또 어떤 기도의 시간에 이렇게 해야 하는가? 이미 말했듯이 기도란 어린 자녀가 아버지에게 무엇을 요구하는 것과 같이 단순한 것이다. 이 말에 무엇을 추가한다는 것은 사족에 불과할 뿐이다.

사탄의 음모

사탄이 어떻게 해서든 우리가 기도로 하나님께 나아가기를 반대하고 믿음의 기도를 할 수 있는 한 저지한다는 것에는 의심의 여지가 없다.

사탄이 방해하는 주요 수단은 우리의 마음을 구할 것으로 가득 채워서, 우리가 기도하는 대상인 사랑하는 하나님 아버지를 생각하지 못하게 하는 것이다. 사탄은 우리에게 선물을 주시는 분보다는 선물을 더 생각하게 만든다.

성령은 형제를 위해 기도하도록 우리를 인도하신다. 우리는 "오, 하나님, 내 형제를 축복하소서." 하기에 이른다. 그다음에는 우리의 생각이 그 형제와 그의 일, 그의 어려운 점들 및 희망과 염려에 고정되다가 기도를 끝내게 된다.

사탄은 우리가 생각을 하나님께 집중시키는 일을 방해하려고 얼마나 애쓰는지 모른다. 그래서 기도를 드리기 전에 하나님의 영광, 하나님의 능력과 임재를 실감하라고 촉구하는 것이다.

사탄이 없다면 기도하는 데 어려움이 없을 것이다. 기도를 불가능하게 하는 것이 사탄의 주목적이다. 사탄의 이러한 방해 때문에 우리 대부분이 주님의 산상 설교 말씀을 인용하면서 소위 '중언부언하는 것'과 '말을 많이 하는 것'을 비판하려는 사람들의 견해에 쉽게 공감하기가 어려운 것이다.

런던의 어떤 훌륭한 목사가 최근에 다음과 같이 말했다.

하나님은 우리가 기도를 오래함으로 하나님의 시간도, 우리의 시간도 낭비하지 않기를 바라신다. 우리는 하나님과 관계를 갖는 데 민첩해야 하며, 우리가 원하는 바를 분명하고 간략하게 말씀드려야 한다. 그리고 거기서 그 문제를 끝내야 한다.

그러나 기도는 단지 하나님이 우리의 요구를 인지하시도록 하는 것이라고 생각하지 않는가? 기도의 의미가 그것뿐이라면 기도할 필요가 없지 않은가? 주님이 제자들에게 기도를 촉구하면서 "구하기 전에 너희에게 있어야 할 것을 하나님 너희 아버지께서 아시느니라"(마 6:8)라고 하셨기 때문이다.

우리는 그리스도께서 길게 기도하는 것을 꾸짖으신 것을 알고 있다. 그러나 그것은 가식을 위한, 보이기 위한 긴 기도를 말하는 것이다(눅 20:47).

사랑하는 형제들이여, 우리가 매 주일 기도회로 모여서 드리는 기도 중에 주님이 꾸중하실 긴 기도가 많이 있다는 사실을 알아야 한다. 그런 기도는 기도회를 죽인다. 하나님은 가냘픈 숨소리나 쓸데없는 말을 늘어놓는 기도를 꾸짖으실 것이다.

예수님의 기도

그러나 주님은 진지하게 하는 기도는 아무리 길어도 절대로 꾸짖지 않으신다. 주님도 가끔 기도로 온밤을 지새우셨음을 기억하자. 얼마나 빈번히 기도하셨는지는 알 수 없으나 그런 기록을 볼 수는 있다(눅 6:12). 주님은 때때로 "새벽 아직도 밝기 전에" 일어나셔서 한적한 곳을 찾아가 기도하셨다(막 1:35). 완전하신 분이 우리보다 더 많은 시간을 기도하셨다.

모든 세대에 걸쳐 하나님의 성도들은 하나님과 함께하는 많은 기도의 밤을 가진 후 사람과 함께하는 많은 능력의 낮을 가졌다는 사실은 의심의 여지가 없다.

우리가 무지한 탓으로 주님은 전혀 기도하실 필요가 없었을 것이라고 생각할지 모르나 그렇지 않다. 그분은 다루어야 할 절박한 요청들과 활용해야 할 무수한 기회들 때문에 결코 기도하는 일을 면제받으실 수가 없었다. 주님의 인기가 절정에 달하여 매우 분주했던 어느 날이었다. 그날도 주님과 함께 있고 싶어 하고 상담을 요청하는 사람들로 붐볐다. 바로 그런 때에 주님은 그들을 떠나서 따로 산에 올라가 기도하셨다(마 14:23).

한때 "수많은 무리가 말씀도 듣고 자기 병도 고침을 받고자 하여" 주님께 나아왔다는 말씀이 있다. 그런데 예수님이 "물러가사 한적한 곳에서 기도하시니라"라고 기록되어 있다(눅 5:15-16). 왜 그러셨을까? 주님은 당시 봉사보다는 기도가 훨씬 더 능률적이라는 것을 아셨기 때문이다.

우리는 너무 바빠서 기도할 수 없다고 말한다. 그러나 주님은 바쁠수록 더 많이 기도하셨다. 때로는 식사하실 겨를도 없었고(막 3:20), 때로는 휴식을 취하고 주무실 여유도 없었다(막 6:31). 그러나 항상 기도 시간을 내셨다. 주님께 그 같은 빈번하고 오랜 시간의 기도가 필요하셨는데 하물며 우리에게는 그런 기도가 더 필요하지 않겠는가?

분명하고 지속적인 기도

나는 사람들이 내 의견에 동의하도록 설득하려고 이 글을 쓰는 것은 아니다. 그것은 사소한 문제이다. 다만 진리를 알자는 것뿐이다. 스펄전(Charles H. Spurgeon)은 다음과 같이 말했다.

우리는 요점을 감추고 에둘러 말할 필요도 없고, 주님의 손에 간구하는 바가 무엇인지 불투명하게 말할 필요도 없다. 미사여구를 가려 쓰려는 노력도 적합하지 않다. 다만 우리가 원하는 바를 가장 단순하고 솔직하게 하나님께 구하자. ……나는 사무적인 기도를 신봉한다. 이것은 하나님이 말씀으로 우리에게 주신 수많은 약속 중 어느 한 가지를 잡고, 마치 돈이 필요할 때 수표를 갖고 은행에 뛰어가면 현금으로 바꾸어 주듯이 확실히 성취될 것을 믿고 드리는 기도를 의미한다.
은행에 가서 정작 은행에 온 목적은 말하지도 않은 채, 직원과 온갖 잡담을 지껄이다가 결국 필요한 돈을 찾지 않고 돌아오는 것은 도무지 있을 수 없는 일이다. 오히려 직원 앞에 수표 지참인에게 정한 금액을 지불한다는 약속을 제시하고, 어떤 화폐권으로 그 금액을 받고자 하는지 알리고, 직원이 지급하면 그 자리에서 그 현금을 헤아려 보고 난 다음 돌아와서 다른 일을 보아야 하는 것이다. 이것은 천국 은행에서 공급받는 방법의 예에 불과하다.

정말 멋진 예다!

분명한 기도를 드리자. 무엇보다도 웅변을 집어치우자. 불필요한 잡담을 피하고 받을 것을 기대하면서 믿음으로 나아가자.

그러나 만일 내가 돈을 받으려고 손을 내밀기 전, 그것을 가로채려고 기다리는 흉악범이 험상궂은 얼굴로 완전무장하여 내 옆에 서 있는 것을 은행원이 알아차린다면, 계산대 너머로 그 돈을 얼른 내게 건네주겠는가? 그 악한이 사라지기를 기다리지 않겠는가?

이것은 허황된 공상이 아니다. 성경은 여러 가지로 이 사실을 가르쳐 주고 있다. 사탄은 기도 응답을 방해하기도 하고 지연시키기도 한다. 사도 베드로가 그리스도인들에게 촉구한 말이 있다. 즉, 기도가 막히지 않게 하라는 것이다(벧전 3:7). 우리의 기도는 방해받을 수 있다.

"악한 자가 와서 그 마음에 뿌려진 것을 빼앗나니"(마 13:19).

성경은 악한 자가 실제로 기도 응답을 3주간 지연시킨 한 예를 (아마 여러 예 중의 한 가지일 것이지만) 보여 주고 있다. 이 사실을 말함은 오직 반복 기도와 지속 기도의 필요성을 보여 주고, 사탄이 소유한 비상한 힘에 대하여 주의를 불러일으키고자 함이다.

"그가 내게 이르되 다니엘아 두려워하지 말라 네가 깨달으려 하여 네 하나님 앞에 스스로 겸비하게 하기로 결심하던 첫날부터 네 말이 응답받았으므로 내가 네 말로 말미암아 왔느니라 그런데 바사 왕국의 군주가 이십일 일 동안 나를 막았으므로 내가 거기 바사 왕국의 왕들과 함께 머물러 있더니 가장 높은 군주 중 하나인 미가엘이 와서 나를 도와주므로"(단 10:12-13).

기도에 대한 사탄의 반대와 방해를 간과해서는 안 된다. 우리가 약속된 것이나 필요하다고 생각하는 것들을 단 한 번 구하는 것으로 만족할 수 있다면 본 장의 글을 쓸 필요가 없었을 것이다.

반복하여 구하면 안 되는가?

예컨대, 하나님이 죄인의 죽음을 원하지 않으심을 내가 알고 있다면 "오, 하나님, 내 친구를 구원해 주소서."라고 담대히 기도할 것이다. 그러면 그 친구의 회심을 위해 결코 반복해서 간구할 수 없단 말인가? 조지 뮐러(George Müller)는 매일, 더 빈번히 60년간 한 친구의 회심을 위해 기도했다.

그런데 성경은 사무적인 기도에 어떤 빛을 던져 주고 있는가? 주님은 끈질기고 계속적인 기도를 가르치시기 위해 두 가지 비유를 주셨다.

밤중에 친구에게 떡 세 덩이를 요구한 어떤 사람은 간청하여, 즉 문자 그대로 부끄러움을 무릅쓰고 끈질기게 요구하여 필요한 것을 얻었다(눅 11:8). 불의한 재판장에게 계속 찾아가 그를 괴롭힌 한 과부는 결국 소원을 풀었다(눅 18:5). 주님은 부언하시기를 "하물며 하나님께서 그 밤낮 부르짖는 택하신 자들의 원한을 풀어 주지 아니하시겠느냐 그들에게 오래 참으시겠느냐"(눅 18:7)라고 하셨다.

주님은 배척과 모욕에 굴하지 않았던 수로보니게 여인을 얼마나 기뻐하셨는가? 그녀의 끈질긴 요청에 못 이겨 주님은 "여자여 네 믿음이 크도다 네 소원대로 되리라"(마 15:28)라고 말씀하셨다.

사랑하는 주님은 겟세마네 동산에서 기도를 거듭하실 필요를 알고 계셨다. "또 그들을 두시고 나아가 세 번째 같은 말씀으로 기도하신 후"(마 26:44)라는 말씀이 반복의 필요성을 잘 보여 준다.

사도 바울도 육체의 가시를 제거해 달라고 누차 하나님께 기도한 것을 알 수 있다. 바울은 말하기를 "이것이 내게서 떠나가게 하기 위하여 내가 세 번 주께 간구하였더니"(고후 12:8)라고 했다.

하나님은 우리의 간구를 언제든지 즉각적으로 응답해 주실 수는 없다. 때로는 우리가 하나님의 선물을 받기에 합당하지 못할 수도 있다. 때로는 더 나은 것을 주시기 위해 "안 된다."라고 하실 수도 있다.

고통 어린 간절한 기도

또한 사도 베드로가 옥중에 있었을 때를 생각해 보라. 당신 자식이 부당하게 투옥되어 곧 죽게 된다고 가정해 보자. 이럴 때 당신은 "오, 하나님, 이 사람들의 손에서 내 아들을 구출해 주소서."라는 단 한 번의 기도, 즉 사무적인 기도로 만족하겠는가? 수없이 반복하여 정성을 다해 간절히 기도하지 않겠는가? 교회가 사도 베드로를 위해 얼마나 간절히 기도했는지 다음 말씀을 통해 알 수 있다.

"이에 베드로는 옥에 갇혔고 교회는 그를 위하여 간절히 하나님께 기도하더라"(행 12:5).

여기서 '간절히'라고 번역된 말은 번역본에 따라 '끊임없이'로 되어 있기도 하다. 토레이(Reuben A. Torrey)는 그 어느 번역도 헬라어 원문의 뜻에 충실하지 못하다고 지적한다. 그것은 문자적으로 '사력을 다하여'라는 의미를 지니고 있다. 즉, 간절하고 긴박감이 넘치는 간구가 계속되는 상태를 묘사하고 있다.

사도 베드로를 위해 간절한 기도가 이루어졌다. 이와 동일한 말을 주님이 겟세마네 동산에서 사용하셨다.

"예수께서 힘쓰고 애써 더욱 간절히 기도하시니 땀이 땅에 떨어지는 핏방울같이 되더라"(눅 22:44).

간절하다 못해 고통 어린 기도였다!
우리의 기도는 어떤가? 우리도 고통 어린 기도로 부르짖는가? 많은 하나님의 성도들이 그렇지 않다고 대답한다. 그들은 이런 심령의 고뇌는 믿음의 부족을 나타내는 것이라고 생각한다. 그러나 주님이 하신 경험의 대부분은 바로 우리의 경험이 됨을 알아야 한다. 우리는 이미 그리스도와 함께 십자가에 못 박혔고 그분과 함께 다시 살아났다. 그런데 그리스도의 진통이 우리 영혼을 위해 어찌 우리의 것이 되지 않겠는가?

다시 본래의 이야기로 돌아가 보자.

죄악 속에서 살고 있는 사랑하는 자녀들을 보고도 고뇌하는 기도를 안 할 수 있겠는가? 누구든지 믿는 자로서 영혼을 사랑하는 열정이 있다면 고뇌하는 기도를 안 할 수 있겠느냐고 묻고 싶다. 존 녹스(John Knox)가 "오, 하나님, 저에게 스코틀랜드를 주소서. 그리하지 않으시면 저는 죽겠습니다."라고 부르짖었듯이 우리도 부르짖어야 하지 않겠는가?

성경이 다시 우리를 권면한다. 모세가 하나님께 부르짖을 때, 심령의 고통과 기도의 진통을 겪지 않았을까?

"슬프도소이다 이 백성이 자기들을 위하여 금 신을 만들었사오니 큰 죄를 범하였나이다 그러나 이제 그들의 죄를 사하시옵소서 그렇지 아니하시오면 원하건대 주께서 기록하신 책에서 내 이름을 지워 버려 주옵소서"(출 32:31-32).

또한 사도 바울도 고뇌의 기도를 했었다.

"나의 형제 곧 골육의 친척을 위하여 내 자신이 저주를 받아 그리스도에게서 끊어질지라도 원하는 바로라"(롬 9:3).

여하간 주님이 죄인을 위해 울고 있는 우리를 보시면, 예루살렘을 향하여 눈물 흘리시던 주님, "심한 통곡과 눈물로 간구와 소원을"(히 5:7) 올리신 우리 주님은 더 이상 슬퍼하지 않으실 것이다. 아니, 주님을 슬프게 하는 죄악을 보고 고뇌하는 우리를 바라보실 때, 오히려 주님의 마음은 기쁘실 것이다.

사실상 그렇게 많은 일을 하면서도 극소수의 회심자들만을 얻는다는 것은 고통 어린 기도가 결핍된 탓이 아니겠는가?

"그러나 시온은 진통하는 즉시 그 아들을 순산하였도다"(사 66:8)라는 말씀을 우리는 잘 알고 있다. 사도 바울이 "나의 자녀들아 너희 속에 그리스도의 형상을 이루기까지 다시 너희를 위하여 해산하는 수고를 하노니"(갈 4:19)라고 기록할 때, 이 구절을 염두에 두고 썼을 것이다. 또 이것은 영적 자녀들에게 있어서 사실이 아니겠는가?

우리의 가슴은 얼마나 차가운가! 잃어버린 저 영혼들을 위해 조금이라도 눈물을 흘리고 있는가? 죽어 가는 사람들을 위해 고통스러워하는 자들을 어찌 감히 비판할 수 있겠는가? 그래서는 안 된다!

사탄과 씨름하는 기도

씨름하는 기도도 있다. 이 기도를 하는 이유는 하나님이 응답하시기를 원하지 않기 때문이 아니라 "이 어둠의 세상 주관자들"(엡 6:12)의 대적 때문이다.

기도에 '분투'하는 것은 '투쟁'이라는 의미를 가지고 있다. 이 투쟁은 하나님과 우리 사이에서 일어나는 것이 아니다. 하나님은 우리 편에서 기도에 찬동(贊同)하고 계신다. 이 투쟁은 이미 정복되었지만(요일 3:8), 악한 영에 대한 것이다. 이 악한 영은 우리의 기도를 좌절시키려고 발악하고 있다.

> "우리의 씨름은 혈과 육을 상대하는 것이 아니요 통치자들과 권세들과 이 어둠의 세상 주관자들과 하늘에 있는 악의 영들을 상대함이라"(엡 6:12).

우리는 또한 이와 같이 그리스도 안에서 하늘에 속한 모든 신령한 복을 누리고 있다(엡 1:3). 우리는 그리스도 안에서만 승리할 수 있다. 우리의 생각을 사탄이 주는 생각과 대결시키고 그리스도께 고정시키는 일이 우리가 싸워야 할 싸움이다. 즉, 깨어 기도해야 한다(엡 6:18). 기도를 파수해야 한다.

"성령도 우리의 연약함을 도우시나니 우리는 마땅히 기도할 바를 알지 못하나"(롬 8:26)라는 말씀이 우리를 위로한다. 성령은 어떻게 우리를 돕고 가르치실까? 교훈과 같은 실례로 돕고 가르치신다. 성령은 어떻게 기도하시는가?

> "오직 성령이 말할 수 없는 탄식으로 우리를 위하여 친히 간구하시느니라"(롬 8:26).

성령도 아들 예수님이 겟세마네에서 기도하심과 같이 고통 어린 기도를 하실까? 성령이 우리 안에서 기도하시면 우리는 그분의 탄식을 나누어 가져야 하지 않겠는가? 때때로 우리가 고통 어린 기도를 하면서 몸이 약해지면 천사들이 주님을 도왔던 것같이(눅 22:43) 우리를 강하게 해주지 않으시겠는가? 느헤미야와 같이 울고 슬퍼하며, 하나님 앞에 금식하며 기도해야 할 것이다(느 1:4).

그러나 "죄에 대한 극한 슬픔이나 타인의 구원을 위한 열렬한 갈망은 우리 마음속에 불필요한 고통을 자아내거나 하나님 앞에 불경건한 고민을 나타내는 것은 아닌가?" 하고 사람들은 질문한다.

그것은 하나님의 약속에 대한 믿음이 없어서가 아닐까? 아마 그럴 것이다. 그러나 사도 바울이 기도를 적어도 때에 따라서 싸움이라고 한 것은 거의 의심할 여지가 없다(롬 15:30 참조).

골로새 교인들에게 편지하면서 "무릇 내 육신의 얼굴을 보지 못한 자들을 위하여 얼마나 힘쓰는지를 너희가 알기를 원하노니 이는 그들로 마음에 위안을 받고"(골 2:1-2)라고 했다. 이것은 분명히 그들을 위한 기도를 가리킨다.

또다시 그는 에바브라에 대하여 "그가 항상 너희를 위하여 애써 기도하여 너희로 하나님의 모든 뜻 가운데서 완전하고 확신 있게 서기를 구하나니"(골 4:12)라고 말한다.

'애쓰다.'라는 말은 바로 우리가 말하는 '고통'이라는 말이며, 주님이 자신이 기도하실 때 '간절히' 하셨다는 말과 같다(눅 22:44).

사도 바울은 또 에바브라가 (그의 기도로) 많이 수고하는 것을 말했다(골 4:13 참조).

사도 바울은 그가 옥에서 기도하는 것을 보고, 골로새 교인들을 위해 끊임없이 애쓰고 있는 그의 강렬한 분투를 증거했다. 바울을 지키는 로마의 근위병은 이들의 기도를 보고 분명 감동받았을 것이다. 그래서 그들이 묶인 손을 들고 기도할 때, 그들의 고뇌와 눈물, 그리고 간절한 탄원을 통하여 틀림없이 무엇인가 깨닫는 바가 있었을 것이다. 그들이 우리의 기도를 보면 어떻게 생각할까?

사도 바울이 에베소 교인들과 다른 사람들에게 "모든 기도와 간구를 하되 항상 성령 안에서 기도하고 이를 위하여 깨어 구하기를 항상 힘쓰며 여러 성도를 위하여 구하라"(엡 6:18)라고 촉구할 때, 그의 평소 습관을 말한 것임을 의심할 바가 없다. 이것이 그 자신의 기도 생활을 묘사한 것이라고 믿어도 좋을 것이다.

그러나 기도는 장애물을 만나는데, 그 장애물은 기도로 제거해야 한다. 소위 기도로 장애물을 극복했다는 말은 바로 사탄의 음모를 대적하여 싸우는 것을 의미한다. 사탄의 음모는 육체적인 연약함이나 고통, 또는 집요하게 파고드는 다른 생각이나 의심, 악한 영들의 직접적인 공격일 수도 있다.

사도 바울과 마찬가지로 기도는 우리에게 적어도 때에 따라서는 일종의 '싸움'이요 '씨름'으로, 우리가 스스로 분발하여 하나님을 붙잡게 만드는 것이다(사 64:7).

아직 기도로 씨름하는 사람이 거의 없다고 해서 우리가 잘못되었다 하겠는가? 우리는 씨름하고 있는가? 주님의 능력과 은혜의 풍성함을 결코 의심하지 말자.

기도 방법을 정하라

『행복한 그리스도인 생활의 비결』(The Christian's Secret of a Happy Life)의 저자 한나 스미스(Hannah W. Smith)는 세상을 떠나기 직전에 가까운 친구들에게 삶 가운데 겪었던 한 사건을 말해 주었다. 아마 이 사건을 널리 공개해도 좋을 것이다.

한 친구가 가끔 2-3일씩 그녀를 방문하곤 했는데, 그것은 그녀의 성미와 인내력에 언제나 커다란 시련 거리가 되었고 부담을 안겨 주었다. 그녀는 그 친구의 방문이 있을 때마다 많은 기도로 준비해야 했다.

한번은 이 비판적인 그리스도인이 일주일 동안 와 있겠다고 통보했다. 그녀는 이 큰 시험을 이길 길은 밤새워 기도하는 것밖에는 없다고 판단했다.

그래서 비스킷을 작은 쟁반에 담아 가지고 침실에 들어가 하나님 앞에 무릎 꿇고 밤새도록 기도하기로 했다. 그리고 친구의 방문 동안 즐겁고 애정 넘치는 시간을 갖도록 은혜 베풀어 주시기를 간절히 구하기로 했다. 그녀가 침대 옆에 무릎을 꿇고 앉기가 무섭게 빌립보서 4장 19절 말씀이 섬광처럼 스쳤다.

"나의 하나님이 그리스도 예수 안에서 영광 가운데 그 풍성한 대로 너희 모든 쓸 것을 채우시리라"(빌 4:19).

그녀의 공포는 사라졌다. 그녀는 말하기를 "이 말씀을 깨달았을 때, 나는 하나님의 선하심에 대해 감사드리며 찬양하고는 침대에 뛰어올라 실컷 잘 수 있었습니다. 다음날 친구가 도착했을 때, 나는 그녀의 방문을 진정으로 반겼어요."라고 했다.

아무도 기도의 원칙을 확고부동하게 정할 수 없으며 자기 자신에게도 그렇게 할 수 없다. 오직 하나님의 은혜로우신 성령만이 순간순간 우리를 인도하실 수 있다. 우리는 문제를 떨쳐 버려야 한다. 하나님은 우리의 재판자요 안내자이시다. 기도는 여러 면이 있는 것임을 기억하자.

모울(Handley Moule) 주교가 말한 바와 같이 "진정한 기도는 여하한 환경에서도 할 수 있다."

오직 하나님만 가까이 계실 때,
기도는 무거운 탄식이요,
떨어지는 눈물이요,
위를 바라보는 눈이다.

기도는 바로 당신의 요구를 하나님께 알리는 것이다(빌 4:6). 기도가 항상 싸움이요 씨름이라고 생각할 수는 없다. 만일 그렇다면 많은 사람들은 육체적으로 쇠잔해지고 신경 쇠약에 걸려 곧 무덤으로 향하게 될 것이다. 그리고 기도 자세로 오랜 시간 동안 지탱하는 것은 육체적으로 불가능하다. 모울은 다음과 같이 말했다.

참되고 승리하는 기도는 최소한의 육체적인 노력이나 어려움 없이 계속적으로 드리는 것이다. 가장 오래 지속되는 기도는 종종 영혼과 육체가 가장 평온한 상태에서 이루어진다.

그러나 다른 측면이 하나 있다. 기도는 단순하고 편의적이지만 결코 나태한 편의는 아니다. 기도는 하나님과 인간 사이에 무한히 중대한 교류를 하기 위한 것이다. 그러므로 진정한 기도가 되기 위해서는 노력, 끈질김, 싸움을 수반해야 한다고 보아야 한다.

남의 기도를 규정해 줄 수는 없다. 각자 마음속에 기도 방법을 정하자. 그러면 성령이 우리에게 감화를 주시며 얼마나 오래 기도해야 할지 인도하실 것이다. 우리 구주 하나님의 사랑으로 충만하여 언제 어디서나 기도가 은혜의 수단인 동시에 기쁨이 되게 하자.

오늘도 날마다
우리의 부족을 채우시는 목자여,
시험에 빠진 주님의 양들에게
깨어 기도할 능력을 주소서.

대신 간구하시는 은혜의 성령이여,
우리에게 주장하는 믿음을 주소서.
주님의 얼굴을 뵈올 때까지
주님의 감추인 이름을 알 때까지
씨름하게 하소서.

무릎으로 산 위대한 그리스도인

존 녹스 John Knox 1514경-1572

존 녹스

'그 누구도 두려워하지 않던 사람'이라 평가받는 존 녹스는 스코틀랜드 종교 개혁의 선구적 지도자였다. 그는 한때 사제 서품을 받고 로마 교황청 공증인으로 활동하기도 했으나, 당시 개혁 신앙을 부르짖던 위샤트(George Wishart)의 영향을 받으면서 완벽하게 개신교도로 거듭났고, 타고난 차분한 성격에도 불구하고 스코틀랜드 종교 개혁의 대변자요 지도자로서 투쟁의 기치를 들어올리게 되었다.

가톨릭 정권의 핍박을 피해 유럽 대륙으로 건너가 칼뱅(Jean Calvin), 베즈(Théodore de Bèze) 등과 교제하는 동안 신앙을 위협하는 군주에 맞서 대항할 권리와 의무에 대한 확신을 가지게 되었다.

1559년 스코틀랜드로 돌아간 녹스는 가톨릭 정권에 대항해 종교 개혁을 추진했는데, 잉글랜드로부터 군사, 경제적 지원을 받아 무력 충돌까지 감행하였다. 1560년 드디어 종교 개혁파가 스코틀랜드를 휘어잡았고, 이때 녹스는 칼뱅주의에 입각한 『스코틀랜드 신앙 고백』(Scots Confession)을 제정하고 『녹스 전례서』(Book of Common Order)를 만드는 등 개혁 교회 교리와 전례에 관한 연구와 활동을 멈추지 않았다. 이듬해 가톨릭교도인 메리 스튜어트(Mary Stuart)가 다시 집권하면서 개혁파는 어려운 시절을 맞기도 했으나 녹스는 의연히 대처하였고, 1567년 메리가 몰락한 이후 개혁 교회는 다시 큰 힘을 얻었다.

제네바 대학교 종교 개혁 기념비
(좌측부터 파렐, 칼뱅, 베즈, 녹스)

스코틀랜드 세인트앤드루스 성당에서
설교하는 존 녹스

세상적인 눈으로 보았을 때, 녹스 시대의 스코틀랜드는 도저히 종교 개혁이 성공할 수 있는 상황이 아니었다. 녹스 자신부터가 충분한 자격을 갖춘 인물이 아니었다. 하지만 시대적 소명 앞에서 자신의 소신을 굽히지 않고 개혁과 부흥의 횃불을 높이 든 존 녹스를 통해 하나님은 위대한 역사를 이루셨다.

녹스는 누구보다 기도의 심오하고도 엄청난 위력을 알고 있던 인물이었다. 그는 "기도하는 한 사람은 기도 아니하는 한 민족보다 강하다."라고 천명하기도 하였다. 그리고 그러한 깊고도 은밀한 기도로 무장한 그의 설교야말로 듣는 이들의 폐부를 찢고 격앙시키며 한 국가의 개혁을 일으키는 원동력이 되었던 것이다. 그의 설교를 들었던 한 청년은 이렇게 증거하고 있다.

녹스는 처음 설교를 시작할 때는 몸을 약간 구부정하게 하고 있는 것이 보통이었다. 그러나 마지막에 가서는 얼마나 활기에 넘쳤는지 설교단을 부수기라도 할 것 같았다. 그가 다니엘서를 강해할 때는 양심이 너무나 찔려 필기하던 펜을 제대로 잡기가 어려울 정도였다.

하나님의 자녀는 기도 응답을 기대해야 한다.
하나님은 모든 기도에 응답하기 원하신다.
진실한 기도는 단 하나도
하늘에서 무위로 돌아가지 않는다.

8

Does God
Always Answer
Prayer?

모든
기도가
응답받는가?

하나님의 풍성함을 내 소유로

이제 누구나 질문할 수 있는 가장 중요한 문제 중의 하나를 살펴보기로 하자. 이 문제에 대한 대답에 따라서 많은 것이 달라진다. 조금도 주저하지 말고 이 질문을 공정하고 정직하게 살펴보자.

하나님은 언제나 응답하시는가? 물론 하나님이 기도에(일부 기도에 대해) 응답하시는 것을 우리는 인정한다. 하나님은 진실한 기도라면 무엇이든지 들어주시지만, 어떤 기도는 응답하지 않으신다. 왜냐하면 하나님이 그것들을 듣지 않으시기 때문이다. 자기 백성들이 반역하였을 때, 하나님은 이렇게 말씀하셨다.

"너희가 많이 기도할지라도 내가 듣지 아니하리니"(사 1:15).

Does God
Always Answer
Prayer?

그러나 하나님의 자녀는 기도 응답을 기대해야 한다. 하나님은 모든 기도에 응답하기 원하신다. 진실한 기도는 단 하나도 하늘에서 무위로 돌아가지 않는다.

그런데 사도 바울이 선언한 바 "만물이 다 너희 것임이라……너희는 그리스도의 것이요"(고전 3:21, 23)라고 한 말이 대부분의 그리스도인들에게는 너무나도 분명하게 또 비참하게 거짓말 같아 보인다. 그러나 거짓말이 아니다. 모든 것은 우리의 것이다. 그러나 너무나 많은 사람들이 우리의 것을 소유하지 못하고 있다.

호주 퀸즐랜드주 마운트모건의 소유주들은 지금까지 세상에 알려진 것 중에 가장 풍부한 금맥이 그들의 발밑에 있다는 것을 알지 못한 채, 산비탈의 메마른 땅을 일구어 가며 비참한 생활을 이어 갔다. 거기에는 막대한 부가 묻혀 있었다. 그것은 그들의 것이었지만 그들의 것이 아니었다.

그리스도인들은 예수 그리스도 안에 있는 하나님의 풍성함을 알고 있다. 그러나 그것들을 획득하는 방법을 모르고 있는 것 같다. 우리 주님이 '기도 문제'에 바른 판단력을 주시기 원한다.

참된 기도는 응답되지 않는 것이 없다고 말할 때, 하나님이 우리가 구하는 것을 무엇이든지 그대로 주신다는 말은 아니다. 자녀를 그처럼 어리석게 다루는 부모가 어디 있겠는가? 우리는 어린아이가 벌겋게 달아오른 부지깽이를 아무리 극성스레 달라 해도 주지 않는다. 부요한 사람일수록 자식들에게 용돈을 많이 주지 않으려고 더욱 주의한다.

우리가 간구한 대로 하나님이 다 응답하신다면 이 세상을 다스리는 것은 우리이지 하나님이 아니다. 우리에게는 결코 세상을 다스릴 능력이 없다. 더욱이 이 세상에는 두 통치자가 존재할 수 없다.

하나님의 응답 방법

기도에 대한 하나님의 응답은 아마 "된다."(Yes) 또는 "안 된다."(No)일 것이다. 때로는 하나님이 우리가 상상할 수 없는 큰 축복, 그리고 우리 자신과 함께 다른 사람들이 관련된 복을 계획하고 계시면서 "기다리라." 하실 수도 있다.

하나님의 응답은 간혹 "안 된다."이다. 그러나 이것이 반드시 알고 있는 죄나 고의적인 죄 때문인 것만은 아니다. 물론 무지의 죄도 있을 수 있다. 하나님은 때로 사도 바울에게 "안 된다."라고 하셨다(고후 12:8-9).

때로는 하나님의 거절이 우리의 기도의 무지나 이기심 때문일 수도 있다. 이는 우리가 마땅히 기도할 바를 알지 못하기 때문이다(롬 8:26). 세베대의 아들의 어머니가 범한 잘못이 그런 것이다. 그녀는 와서 주님께 절하며 간절히 구했다. 그때 주님은 즉시 대답하시기를 "너희는 너희가 구하는 것을 알지 못하는도다"(마 20:22) 하셨다.

위대한 기도의 사람 엘리야도 때로는 기도 응답으로 "안 된다."를 얻었다. 그러나 엘리야가 불수레를 타고 하늘 영광 가운데로 승천하면서 "여호와여, 지금 내 생명을 취하소서." 하고 기도하였을 때, 하나님이 안 된다고 하신 것을 원망했겠는가?

하나님의 응답은 때로 "기다리라."이다. 탄원한 선물을 받기에 합당하지 않기 때문에 하나님은 지연시키시는 것이다. 아우구스티누스(Aurelius Augustinus)가 "하나님, 나를 정결하게 하옵소서. 그러나 지금은 그리 마옵소서."라고 한 유명한 기도를 기억하고 있는가? 종종 우리의 기도도 그렇지 않은가? 우리는 응답된 기도의 대가를 치르는 잔을 마시려 하고 있는가? 하나님은 가끔 응답을 연기시키셔서 그분 자신에게 더 큰 영광이 돌아가게 하신다.

하나님의 연기는 거절이 아니다. 하나님이 왜 가끔 응답을 연기하시는지, 또 어떤 때에는 왜 우리가 부르기 전에 응답해 주시는지 알 수 없다.

역사 이래로 가장 위대한 기도의 사람 중 하나인 조지 뮐러(George Müller)는 친구 한 사람을 회심시키기까지 63년 이상 기도하지 않으면 안 되었다. 누가 그 이유를 설명할 수 있겠는가? "가장 중요한 점은 응답이

올 때까지 결코 포기해서는 안 된다는 것이다."라고 뮐러는 말한다. 또한 그는 "나는 한 사람의 회심을 위해 63년 8개월간을 기도해 왔다. 아직 그는 돌아오지 않았다. 그러나 언젠가는 돌아올 것이다. 어찌 그러지 않을 수 있으랴? 변함없는 여호와의 약속이 있으니 나는 그것을 의지한다."라고 말한다.

이것이 사탄의 끊임없는 방해 때문이라고 함이 과연 옳을까?(단 10:13) 그것은 사탄이 뮐러의 신앙을 뒤흔들어 무너뜨리려는 강렬하고도 지속적인 노력이었을까? 뮐러가 죽자마자 그의 친구는 회심했다. 그는 뮐러의 장례식 전에 회심하였다.

그렇다. 비록 응답이 늦어졌지만 그의 기도는 상달되었다. 조지 뮐러는 많은 간구의 응답을 받았다. 그가 한때 부르짖은 말이 자못 자연스럽게 들린다.

오, 우리가 상대해야 하는 그분은 얼마나 선하시고, 친절하시고, 은혜로우시며, 겸손하신지! 나는 다만 가난하고 연약하며 죄 많은 인간이오나 그분은 나의 기도를 일만 번이나 들어주셨다.

어떤 이들은 하나님이 자신의 기도에 대하여 안 된다고 하시는지, 아니면 기다리라고 하시는지 어떻게 확인할 수 있느냐고 물을지도 모른다. 그러나 보장하건대, 하나님은 안 된다는 응답을 주시고자 63년간 기도하도록 내버려 두시지는 않는다.

그토록 오랫동안 계속된 밀러의 기도는 하나님이 죄인의 죽음을 원하지 않으시고, 모든 사람이 구원받기를 원하신다는 인식에 기초를 두고 있었다(딤전 2:4).

내가 이 글을 쓰고 있는 동안 집배원이 이런 내용의 편지를 전해 주었다. 내게 좀처럼 편지하지 않던 사람으로부터 온 것이었다. 나의 주소도 모르는 사람이었다. 영국 그리스도인들에게 널리 알려진 사람이었다. 사랑하는 사람이 병으로 괴로워한다는 것이었다.

그녀의 회복을 위해 그는 계속 기도해야 할 것인가? 하나님의 응답은 "안 된다."일까 아니면 "계속 기도하라. 기다리라."일까? 그의 편지는 다음과 같았다.

저는 제가 사랑하는 사람에 관련해서 하나님의 명확한 안내를 얻었습니다. ······하나님의 뜻은 그녀를 취해 가는 것이었습니다. ······저는 하나님의 뜻에 맡기고 굴복하여 손을 떼고 말았는데, 오히려 하나님께 더 찬양하게 되었습니다.

수시간 뒤 하나님은 사랑하는 그녀를 영광 중에 불러 가셨다.

다시금 독자 여러분에게 '진실한 기도는 반드시 응답을 받는다.'라는 이 한 가지 진리를 붙들 것을 촉구한다.

사랑하기에 거절하시는 하나님

우리의 기도에 대해 좀 더 생각을 한다면 보다 현명한 기도를 하게 될 것이다. 그것은 자명한 일이다. 이런 말을 하는 이유는 일부 그리스도인들은 기도하기 전에 그들의 상식과 이성을 제쳐 놓고 있는 것 같기 때문이다. 조금만 숙고하면 하나님이 어떤 기도들은 응답해 주실 수 없다는 사실을 알 수 있을 것이다.

전쟁 중에 나라마다 승전을 위해 기도했다. 그러나 모든 나라가 승리할 수 없는 것은 명백한 사실이다.

두 사람이 함께 살면서 한 사람은 비가 오기를 기도하고 다른 사람은 쾌청하기를 기도했다고 하자. 이러한 경우 하나님은 두 사람의 기도를 같은 장소에서 동시에 응답해 주실 수 없다.

그러나 하나님의 진실성이 그런 기도의 문제에 걸리게 된다. 우리는 주님의 그 놀라운 기도 약속들을 읽고 '무엇이든지'라는 말의 광범위한 영역과 충분한 의도와 거대한 규모에 거의 실신할 지경이다.

"하나님은 참되시다 할지어다"(롬 3:4).

그분은 분명히 항상 참되시다.

하나님이 나의 모든 기도를 응답해 주셨는지 물어본다면 나는 그러지 않으셨다고 할 것이다. 만일 일부 기도에 응답해 주셨다면 축복 대신에 저주가 되었을 것이다.

또 다른 기도에 대해서 응답하기에는 영적으로 불가능한 일이었다. 즉, 내가 구한 은혜를 받을 자격이 없었다.

어떤 기도는 응답되면 영적 교만과 자만만 자랄 뿐이다. 하나님의 성령의 충만한 빛 가운데에서 보니 이 모든 사실이 얼마나 명백하게 보이는지 모르겠다.

과거를 돌이켜보면서 자신의 열정적이고 진지한 기도를 자신의 빈약하고 무가치한 섬김, 진정한 영성의 결핍과 비교해 볼 때, 하나님이 주시고자 한 그 은사를 도저히 받을 수 없었음을 발견하게 될 것이다. 그것은 마치 바다 같은 하나님의 사랑을 골무만 한 자기 가슴에다 부어 달라는 요구와도 같은 것이다.

그러나 하나님은 모든 영적인 축복으로 우리에게 복 주기를 얼마나 원하시는지 모른다. 사랑하는 구주께서 얼마나 부르짖으시는가?

"예루살렘아 예루살렘아 선지자들을 죽이고 네게 파송된 자들을 돌로 치는 자여 암탉이 그 새끼를 날개 아래에 모음같이 내가 네 자녀를 모으려 한 일이 몇 번이더냐 그러나 너희가 원하지 아니하였도다"(마 23:37).

우리가 간구하고도 우리의 무자격 때문에 응답받지 못한다는 것은 정말 슬픈 사실이다. 그러고도 하나님이 기도를 들어주지 않으신다고 불평한다.

예수님은 하나님이 성령을 주신다고 선언하신다. 그 성령은 우리에게 기도하는 법을 가르쳐 주신다. 마치 아버지가 기꺼이 좋은 선물을 아들에게 주는 것과 같이 우리에게 주시는 것이다.

그러나 아들이 그 선물을 쓰기에 합당하지 않다면 그 선물은 더 이상 좋은 선물이 될 수 없다. 하나님은 우리가 그분의 영광을 위해 쓸 수 없는 것이나 쓰지 않을 것을 주지 않으신다(재능을 말하는 것이 아니라 영적 은사를 말하는 것이다. 왜냐하면 재능은 남용하거나 묻어 둘 수 있기 때문이다).

어린 아들이 원한다고 해서 면도칼을 주는 아버지를 본 일이 있는가? 아버지는 분명히 "얘야, 좀 더 있다가 크고 지혜가 생길 때까지 기다리거라." 하지 않겠는가? 사랑하는 하늘 아버지께서도 우리에게 동일한 말씀으로 기다리라고 하지 않으시겠는가? 우리는 무지하고 어두워 종종 다음과 같이 말하지 않으면 안 된다.

하나님은 주시고 싶어도
우리의 연약함으로 그것을 오용할까 봐
지극한 사랑으로 거절하신다.

하나님은 결코 내일의 은사를 오늘 주지 않으신다는 사실을 명심하라. 하나님이 주실 의향이 없어서 그러시는 것이 아니다. 하나님 자신이 편협해서도 아니다. 그분의 자원은 무한하고, 그분의 길은 우리가 헤아릴 수 없다.

주님이 제자들에게 "구하라."라는 명령을 내리신 다음 하나님의 섭리와 자원을 말씀하셨다.

"공중의 새를 보라……너희 하늘 아버지께서 기르시나니"(마 6:26).

얼마나 단순한 말씀인가?

그러나 당신은 이 세상에서 어느 백만장자가 공중의 새들을 단 하루만이라도 먹일 수 있는지 생각해 본 적이 있는가? 하늘 아버지께서는 매일 그들을 먹이고 계시며 조금도 모자람이 없으시다. 하물며 하나님이 여러분을 먹이고, 입히고, 돌보지 않으시겠는가?

마음을 다시 살펴보라

기도를 좀 더 신뢰하자.

하나님이 자기를 찾는 자들에게 상 주시는 이심을 모르고 있는가?(히 11:6) 성령의 기름은 그것을 받을 수 있는 그릇이 비어 있는 한 결코 그치지 않는다(왕하 4:6).

성령의 사역이 멈추게 될 때, 잘못은 항상 우리에게 있다. 하나님은 일부 그리스도인들에게만 성령 충만을 주실 수 없다. 하나님은 일부 일꾼들에게만 그들의 수고의 결과를 주실 수 없다. 그러면 그들은 교만과 허영의 병에 걸릴 수 있다.

우리는 그리스도인들이 간구하는 모든 것을 하나님이 다 허락하셔야 한다고 주장하지 않는다.

앞 장에서 살펴보았듯이 우리가 주님의 이름으로 기도하려면 순수한 마음, 순수한 동기, 그리고 순수한 욕구가 있어야 한다. 하나님은 그분의 약속보다 크신 분이며, 때로는 우리의 자격과 우리가 원한 것 이상의 것도 주신다.

그러나 항상 그렇게 주시지는 않는다. 그래서 어떤 기도가 응답되지 않는다면, 하나님이 분명히 우리의 마음을 살펴보라고 요구하신다고 생각해도 좋다. 그 이유는 하나님이 그분의 이름으로 진실하게 기도하면 모든 기도를 들어주겠다고 약속하셨기 때문이다.

하나님의 축복의 말씀을 다시 한 번 되새겨 보자. 아무리 되새겨도 지나치지 않을 것이다.

"너희가 내 이름으로 무엇을 구하든지 내가 행하리니 이는 아버지로 하여금 아들로 말미암아 영광을 받으시게 하려 함이라 내 이름으로 무엇이든지 내게 구하면 내가 행하리라"(요 14:13-14).

그리스도께서 드리신 기도가 응답되지 않을 수 없었다는 사실을 기억하라. 그분은 하나님이셨고(하나님의 마음을 아셨고) 성령의 마음을 가지셨다.

예수님이 겟세마네 동산에서 고민함으로 무릎을 꿇고 피땀을 흘리며 "아버지여 만일 할 만하시거든……하옵소서"(마 26:39)라고 기도하지 않으셨는가? 그러셨다. 그리고 예수님은 경건하심으로 하나님의 응답을 받으셨다(히 5:7). 실로 고민이 아니라 아들의 두려움으로 응답받지 않으셨는가? 우리의 기도가 중요하기 때문이 아니라 하나님의 자식이 드리는 것이므로 응답되는 것이다.

그리스도인들이여, 우리는 두려움과 경외가 가득한 그 신성한 장면들을 충분히 이해할 수 없다. 그러나 우리 주님은 순수할 수 없는 것이나 지키실 의도가 없는 약속은 하지 않으신다는 사실만은 분명하다.

육체의 가시

성령은 우리를 위해 중보 기도를 드리신다(롬 8:26). 그리고 하나님은 성령의 기도를 거절하실 수 없다. 예수님도 우리를 위해 중보 기도를 드리신다(히 7:25). 그리고 하나님은 예수님의 기도도 거절하실 수 없다. 그분의 기도는 우리의 기도를 수천 배 능가한다. 그런 분이 우리에게 기도를 명령하신 것이다.

그러면 당신은 "사도 바울은 성령에 충만하여 그리스도의 마음을 가졌노라고까지 하지 않았습니까? 그런데 그런 그가 육체의 가시를 제거해 달라고 세 번이나 간구했지만 하나님은 그의 기도를 거절하지 않으셨습니까?"라고 반문할지도 모른다.

이것 역시 매우 단순한 것이다. 사도 바울이 자기의 사적인 필요를 요구한 기록으로 이 간구만이 거절된 것이다. 그러나 난처한 것은 "왜 그리스도의 마음을 가진 사도 바울이 하나님의 바라는 바에 상반되는 줄 알았을 텐데 간구했는가?" 하는 점이다. 물론 이 글을 읽는 헌신된 그리스도인들 중에도 자신의 기도가 응답되지 않아서 당황하는 사람들이 많이 있을 줄 안다.

우리는 성령으로 충만해 있을지라도 아직 판단이나 요구에 오류를 범할 수 있음을 명심해야 한다. 우리는 한꺼번에 영원히 성령 충만을 받을 수 없다는 사실도 기억해야 한다.

사탄은 항상 그의 마음을 우리 속에 침투시키려고 노리고 있으며, 우리를 통해 하나님과 충돌하고자 한다. 어느 순간이든 우리는 불순종하게 되거나 불신앙하게 될 수 있으며, 또 사랑의 성령에 상충되는 생각이나 행동에 빠질 수 있다.

사도 베드로의 생애에서 이에 대한 무서운 예를 볼 수 있다.

하나님의 성령의 강력한 영향 아래에서 한때 베드로는 "주는 그리스도시요 살아 계신 하나님의 아들이시니이다"(마 16:16)라고 외쳤다. 주님이 돌아보시면서 크게 칭찬하시기를 "바요나 시몬아 네가 복이 있도다 이를 네게 알게 한 이는 혈육이 아니요 하늘에 계신 내 아버지시니라"(마 16:17)라고 하셨다.

그러나 잠시 후 사탄이 그의 마음에 들어갔고 주님은 그에게 "사탄아 내 뒤로 물러가라"(마 16:23)라고 말씀하셨다. 그때 사도 베드로는 사탄의 이름으로 말하고 있었던 것이다. 사탄은 지금도 여전히 우리를 '장악'하려고 한다.

사도 바울은 '가시'만 제거될 수 있다면 사랑하는 주님을 위하여 훨씬 더 일을 잘 할 수 있을 것이라는 생각에 유혹당했다. 그러나 하나님은 그 가시를 바울에게서 제거하기보다 오히려 남겨 두는 것이 유익할 것을 아셨다.

우리에게 방해와 장애가 되는 것이 제거되기보다는 그대로 있는 것이 오히려 하나님께 영광이 된다는 것을 알면 더 위로가 되지 않는가?

"내 은혜가 네게 족하도다 이는 내 능력이 약한 데서 온전하여짐이라"(고후 12:9).

주님의 뜻을 이루소서

다음 글귀를 기억하라.

하나님은 무엇을 행하지도
방치하지도 않으신다.
그러나 그대 스스로가 할 일을 하고 나면
하나님이 하신 모든 결과를 보리라.

바울도 완벽하지는 못했다. 베드로도, 요한도, 교황도, 기타 여하한 사람도 마찬가지다. 우리도 잘못된 기도를 드리고 있을 수도 있다.

최상의 기도 형태는 "하나님, 당신의 길은 나의 길이 아닙니다."가 아니라 "하나님, 나의 길은 당신의 길입니다."이다. 우리는 "주님의 뜻을 고치소서."가 아니라 "주님의 뜻을 이루소서."라고 기도하라고 배운다.

결론으로, 하나님을 신뢰할 수 있다는 것을 증명해 준 두 사람의 간증을 제시하고자 한다. 위대한 탐험가 헨리 모턴 스탠리(Henry Morton Stanley)는 다음과 같이 기록하고 있다.

나는 기도가 효험이 없는 것이라고 감히 말할 수 없다. 진지하게 기도했을 때는 응답을 받았다. 나의 수행자들을 에워싸고 있던 위험을 지혜롭게 빠져나갈 수 있도록 안내의 빛을 간구하였을 때, 한 줄기 광선이 혼란스러운 마음에 비쳐 왔으며, 분명한 구원의 대로가 제시되었다. 기도의 응답이 온다는 것은 누구든지 하나님 앞에 소원을 아뢰고 자리에서 일어설 때 그의 마음속에 만족이 오는 것으로 알 수 있을 것이다. 나에게는 기도가 응답된다는 확실한 증거가 있다.

서부 아프리카에서의 삶으로 모든 이들에게 감동을 던져 준 메리 슬레서(Mary Slessor)는 한때 기도가 그녀에게 무슨 의미가 있었느냐는 질문을 받았다. 그녀의 대답은 이러했다.

나의 생애는 매일 매시 육체적 건강과 정신적 긴장의 해소, 기적적 안내, 오류와 위험으로부터의 도피, 복음에 대한 증오심의 극복, 필요한 양식의 적시 공급, 그 밖에 나의 삶과 봉사에 필요한 모든 것에 대한 기도 응답으로 점철된 하나의 장대한 기록이다. 나는 하나님이 기도에 응답하신다는 믿음을 얼마든지 증명할 수 있다. 나는 하나님이 기도에 응답하심을 알고 있다.

무릎으로 산 위대한 그리스도인

메리 슬레서　Mary Slessor 1848-1915

메리 슬레서

19세기, 여성에게는 엄격하기 그지없었던 시대에 태어난 메리 슬레서는 누구도 엄두를 내지 못했던 아프리카 개척 선교사로 일생을 불사른 용감한 여인이었다. 스코틀랜드의 궁핍한 가정 출신인 그녀는 열한 살의 어린 나이 때부터 방직 공장에서 일을 해야 했고, 열네 살부터는 매일 열 시간 이상씩 중노동에 시달리는 생활을 13년이나 이어 가야 했다. 그녀에게 교회는 더러운 빈민가의 비참한 삶을 잊을 수 있는 유일한 공간이었다. 그녀는 어려서 이미 진실된 회심을 경험했고 20대 초부터 퀸스 트리트 선교회에 소속되어 활동을 하고 있었다. 선교에 대한 열망을 키워 가던 메리는 여성 선교사에게도 문이 열려 있는 칼라바르 선교회에 관심을 갖게 되었고, 드디어 1875년 그 유명한 탐험가 리빙스턴(David Livingstone)의 죽음을 계기로 선교사를 지원하고야 만다.

이내 메리는 나이지리아 칼라바르에 정착하여 언어를 배우며 선교사 학교에서 가르치는 일을 했지만, 그녀가 진정 원하는 것은 내륙 오지로 들어가서 개척 사역을 하는 것이었다. 여러 곡절 끝에 3년이 지나서야 내륙에서 사역할 기회를 얻었다. 주술과 마술이 지배하는 어둠의 땅에서 그녀는 주님의 복음을 전하는 동시에 토인들의 불합리한 풍습들을 뜯어고치려고 애를 썼고, 불평등한 취급을 받던 여성들을 보호하는 데 앞장섰다.

토인 아동들을 돌보는 메리 슬레서

젊은 시절의 메리 슬레서

열정가였던 그녀는 어머니와 여동생의 죽음이라는 비보를 듣고도 동요하지 않았다. 오히려 자신이 오지에 들어가도 염려할 사람이 없게 되었으니 더 자유로울 수 있다고 의연한 태도를 취하였다. 이후 그녀는 수많은 선교사들이 목숨을 잃었던 적대적인 토인 지역에서 25년간이나 헌신한다. 그토록 용맹하고 열의에 차 있으면서도 정작 자신의 공은 숨기려고만 하였던 그녀는 후배 선교사들의 사역을 위한 기반 작업에 충실히 임할 뿐 어느 정도 개척 사업이 안정되면 다른 선교사에게 해당 지역과 업무를 넘기는 일을 반복하였다.

간절한 기도에 대한 하나님의 응답하심을 믿는 믿음에 한 치의 흔들림도 없었던 굳센 여인 메리 슬레서는 무교육과 여성에 대한 편견이라는 한계를 뛰어넘어 아프리카 선교 사역의 가능성을 극적으로 확장시켰다. 그녀의 소리 없으나 처절했던 노력은 아프리카 선교를 위한 주축 세력이 되었다.

정결한 마음과 거룩한 생활과
순수한 믿음이 있다면,
하나님은 남녀노소를 막론하고
모든 기도에 응답해 주신다.
하나님은 기도에 응답하신다.

9

Answers
to Prayer

응답받는
기도는
어떠한가?

지극히 자연스러운 일

어느 사람이라도 본 장에 '대단한 응답', '놀라운 응답', '경이로운 응답'처럼 더 놀라운 제목을 붙이고 싶어 할 것이다. 그러나 하나님께서는 기도에 응답하시는 것이 우리가 구하는 것처럼 지극히 자연스러운 일이다. 하나님은 우리의 기도를 들으시는 것을 얼마나 기뻐하시며 또 그 기도에 응답하시기를 얼마나 좋아하시는지 모른다!

사람들은 어떤 부자가 가난에 쪼들리는 사람에게 은혜를 베풀거나 아니면 선교회의 심각한 적자 상황을 완전히 해소했다는 소식을 들을 때 "그런 일을 할 수 있다니 얼마나 훌륭한 일인가!" 하고 감탄한다.

그런데 하나님이 우리를 사랑하시고 그것이 사실임을 알고 있다면, 우리가 간구한 것을 응답해 주시는 것이 하나님께는 큰 기쁨이 되리라고 짐작되지 않는가? 그러므로 지금까지 우리의 주의를 끌어온 수많은 기도

Answers
to Prayer

응답들 가운데 한두 가지를 자세히 살펴보고자 한다. 그렇게 함으로써 더욱 담대하게 은혜의 보좌로 나아갈 수 있지 않겠는가? 하나님은 우리가 기도하는 자들을 구원해 주신다. 실행해 보라.

기도의 기적

며칠 전에 기도를 많이 하는 어떤 분과 함께 이 문제에 대하여 환담을 했다. 그런데 그는 느닷없이 "당신은 ○○ 교회를 아십니까?" 하고 질문을 던졌다.

"잘 알고 있죠. 몇 차례 가 봤으니까요."

"제가 거기 살고 있었을 때 일어났던 일을 말씀드릴까 합니다. 우리는 매 주일 8시 예배를 드리기 전에 기도회를 가졌습니다. 어느 주일에 우리가 기도를 마치고 일어서려는 순간 한 헌금위원이 '목사님, 제 아들을 위해 기도해 주세요. 올해 스물두 살이나 되었는데 몇 년간 교회 출석을 하지 않고 있어요.' 하고 부탁을 했습니다. 그 목사님은 '지금 우리는 5분의 시간을 낼 수 있습니다.'라고 하시고는 다시 무릎을 꿇고 그를 위하여 간절히 기도드렸습니다. 그런데 이 사실을 전혀 말하지 않았음에도 불구하고 그 청년은 바로 그날 저녁에 교회에 나왔습니다. 설교 가운데 무엇인가가 그에게 죄를 깨닫게 해준 것입니다. 그는 완전히 상한 마음으로 기도실에 들어가 예수 그리스도를 구세주로 영접했습니다."

어느 월요일 아침, 교구의 처치 아미(Church Army, 영국 국교회의 전도 봉사단) 대장으로 일하는 친구가 주례 직원회의에 참석했다.

그는 목사님께 "어젯밤의 그 회심은 기도에 대한 하나의 도전이었습니다. 하나님이 주신 도전이었습니다. 그 도전을 받아들일 수 있을까요?"라고 했다.

"그게 무슨 말씀이죠?" 하고 목사님이 되물었다.

"에, 우리가 이 교구에서 가장 악한 사람 하나를 골라 그를 위해 기도하자는 것입니다."라고 그가 말했다.

그리하여 만장일치로 가장 악하다고 알려진 K씨를 선정하고, 그의 회심을 위해 기도하기로 결정했다. 주말 밤에 그들은 선교실에서 토요 기도회를 열고 있었다. 그런데 그들의 입술에서 바로 그 사람의 이름이 오르내리고 있을 때, 문이 갑자기 열리면서 그 악한 K씨가 술에 만취하여 비틀거리며 나타났다.

그는 이전에는 한 번도 선교실에 와 본 적이 없었다. 그는 모자를 벗으려고도 하지 않고 얼굴을 손에 파묻은 채 출입문 가까이에 있는 의자 위에 털썩 주저앉았다. 별안간 기도회는 구도실(enquiry room)이 되어 버렸다.

비록 그는 술에 취해 있었지만 자기를 찾고 계시는 분인 주님을 찾았던 것이다. 그는 되돌아가지 않았다. 오늘날 그는 그곳의 가장 훌륭한 선교원 중의 한 사람이 되었다.

아, 왜 우리는 회심하지 않은 친구들을 위해 기도하지 않는가? 우리가 그들에게 간청하면 그들이 우리의 간청을 듣지 않을지도 모른다. 그러나 그들을 위해 기도하면 그들은 더 오래 버티지 못한다. 가장 악한 자의 구원을 위하여 두세 사람이 함께 기도하면서 하나님이 어떻게 역사하시는지 보라! 하나님께 아뢰고 신뢰하라. 하나님은 놀라운 방법으로 역사하신다. 신비한 방법으로 기적을 행하신다.

최근 댄 크로퍼드(Dan Crawford)는 휴가를 마치고 그의 선교지로 돌아갈 때 신속하게 가야 할 필요가 있었다. 그러나 수심이 깊은 강이 홍수가 져서 건널 수가 없었다. 보트는 이 급류를 당할 수 없었다. 그래서 그와 그의 일행은 여장을 풀고 기도에 들어갔다. 불신자들은 크게 웃었을 것이다. 어떻게 하나님이 그 강을 건너게 해주실 수 있단 말인가!

그러나 그들이 기도하고 있는 사이에 수십 년 동안 강가에 굳건하게 서 있던 거대한 나무가 비틀거리기 시작하더니 마침내 쓰러졌다. 그것이 강물을 가로질러 넘어진 것이다. 크로퍼드의 말처럼 하나님의 종들을 위해 하늘의 공병대들이 내려와 다리를 건설해 주었다.

수많은 젊은이들이 이런 기도 이야기들을 읽을 것이다. 하나님이 지금도 그 소년 아니면 그 소녀의 소리를 들으신다는 사실을 상기시켜 줄 수 있을까?(창 21:17 참조) 그들을 위해 다음과 같은 기사를 덧붙인다. 동시에 기도가 그들의 유업이 되고 삶이 되며, 응답받는 기도가 매일의 경험이 되기를 간절히 바란다.

쓰임 받기에 합당한 사람

얼마 전, 중국 즈푸(옌타이의 옛 이름)의 미션 스쿨 기숙사에서 기거하고 있던 12세의 중국 소년 ○○이 휴일을 맞아 집으로 돌아갔다. 그는 본토 목사의 아들이었다.

그가 아버지의 집 문 앞에 서 있을 때, 그를 향해 말 탄 사람이 달려왔다. 그 사람은 이교도로서 대단히 당황하고 있었다. 그는 정신없이 예수쟁이, 즉 목사를 찾는 것이었다. 그 소년은 자기 아버지가 출타했다고 일러 주었다. 가엾은 그 사람은 너무나 실망했다. 그는 다급하게 찾아온 경위를 설명했다.

한 이교도 친구의 며느리에게서 귀신을 쫓아내기 위해 '거룩한 사람'을 데려와 달라는 부탁을 받고 수 마일 밖에 있는 이교도 마을에서 왔다는 것이었다. 그 젊은 부인이 귀신이 들려서 헛소리를 지껄이고 욕설까지 퍼부으면서, 머리카락을 풀어헤치고, 얼굴을 할퀴고, 옷을 찢고, 가구를 부수고, 음식이 담긴 그릇까지 팽개친다는 안타까운 사연을 마구 쏟아 놓는 것이었다. 그녀는 신성을 모독하고 낯뜨거울 정도로 경건하지 못한 말을 하다가 입으로 거품을 내뿜으면서 육체적, 정신적으로 지쳐 쓰러진다고 설명했다.

"하지만 아버지는 지금 집에 안 계셔요."라고 소년은 대답했다. 흥분했던 그 사람은 한참 후에야 이해하는 것 같았다. 그러나 갑자기 그는 무릎을 꿇고 두 손을 벌려 필사적으로 부르짖었다.

"당신도 예수쟁이가 아닙니까? 당신이 가 주지 않겠습니까?"

12세의 소년을 생각해 보라! 그러나 어린아이일지라도 구세주께 완전히 굴복하고 있다면 주님께 쓰임 받는 데는 아무런 두려움이 없는 것이다. 놀람과 망설임의 순간도 잠깐이었다. 소년은 자신을 주님의 처분에 내어 맡겼다. 옛날 어린 사무엘처럼 그는 범사에 하나님께 순종하려 했던 것이다.

그는 그 간곡한 청탁을 하나님의 부르심으로 여기고 승낙했다. 그 이교도는 말안장 위로 뛰어올라 그리스도인 소년을 자기 뒤에 끌어올리고는 쏜살같이 달려갔다.

소년은 갖가지 일들을 생각하기 시작했다. 그는 예수 그리스도의 이름으로 사탄을 쫓아 달라는 초대를 이미 수락했다. 그러나 그는 이 같은 일로 하나님께 쓰임 받기에 합당하였을까? 그는 마음이 순결하고 믿음이 강했을까?

말을 타고 가는 도중에 소년은 죄를 자백하고 회개할 것이 없는지 자신의 마음을 신중히 살폈다.

그다음 무슨 말을 하며, 어떻게 해야 할지, 그리고 성경에서 귀신 들린 자들과 그것을 다룬 방법을 기억나게 해달라고 기도했다. 그러고 나서 그는 순수하고 겸손하게 능력과 자비의 하나님께 자신을 내어 맡기고, 주 예수님의 영광을 위해 하나님께 도움을 간구했다.

그들이 현장에 도착했을 때, 가족 중의 몇 사람이 완력으로 발악하는 여자를 침대에 묶는 것을 보았다. 현지 목사를 청하러 심부름꾼이 갔다는 말을 듣지 않았는데도 그녀는 바깥마당에서 들리는 발자국 소리를 듣자마자 소리쳤다.

"너희는 모두 비켜라! 난 도망가야 한다! 피해야 한다! 예수쟁이가 오고 있다! 난 그를 이길 수 없다! 그의 이름은 ○○다!"

소년은 방에 들어가서 의례적인 인사를 드린 후에 무릎을 꿇고 기도하기 시작했다. 그러고는 예수님을 찬양하는 찬송가를 불렀다. 그리고 부활하신 주님, 영광과 전능의 주의 이름으로 마귀에게 나오라고 명령했다. 즉시 그 부인은 지쳐 엎드러지면서 조용해졌다. 그날부터 그녀는 완전히 회복되었다. 사람들이 그녀에게 그 그리스도인 소년의 이름을 말하더라고 알려 주었을 때, 그녀는 깜짝 놀랐다. 왜냐하면 그녀는 한 번도 그 소년의 이름을 듣거나 읽어 본 적이 없었고, 그 마을 전체는 이교도의 마을이었기 때문이었다.

그날은 실로 그 사람들의 '생일'이 되었다. 그날부터 주님의 말씀이 역사하고 영광을 얻었기 때문이다.

정죄함의 굴레에서 벗어나라

친애하는 독자들이여, 이 짧막한 이야기가 여러분에게 어떤 감명을 줄지 모르겠지만 나에게 있어서는 내 존재의 깊은 데까지 감동시킨 것이다. 내 생각에는 우리 대부분이 하나님의 능력, 즉 그분의 압도적이고도 불가항력적인 사랑에 대하여 너무 모르고 있는 것 같다.

놀라운 하나님의 사랑! 이제는 기도할 때마다 그 사랑이 우리를 감싸 주기를 구하자.

진실로 구세주를 사랑한다면, 좀 더 자주 그분과 기도를 통해 교제해야 하지 않겠는가? 그리스도인들이여, 우리가 비판을 많이 하는 것은 기도가 적어서가 아니겠는가? 사랑하는 구세주께서 그러하셨듯이 우리는 이 세상을 정죄하고 판단하라고 세상에 보냄 받지 않았음을 기억하자. 다만 구세주로 말미암아 세상이 구원받게 하려 하심(요 3:17)을 기억하자.

분별없는 비판의 말이 사람을 그리스도께로 인도할 만큼 감동을 줄 수 있겠는가? 또한 그런 흠잡는 말을 하는 사람이 그 말을 통해 더욱 그리스도를 닮게 되겠는가?

비판, 비난, 흠잡기, 남의 일에 대한 무시 등의 자세를 이제 버리자. 사도 바울이 우리 모두에게 "너희 중에 이와 같은 자들이 있더니 주 예수 그리스도의 이름과 우리 하나님의 성령 안에서 씻음과 거룩함과 의롭다 하심을 받았느니라"(고전 6:11)라고 말하지 않겠는가?

여러분은 지금 무슨 뜻으로 이런 말을 하는지 알고 있는가? 타인의 잘못과 실수를 찾아 들추는 것은 사탄의 탓이다. 우리가 그토록 성급하게 정죄하고 과장하도록 마음속에서 말과 행동을 조종하는 것은 사탄이다. 너무 친절하고 사랑스러운 친구들과 친지들도 가끔 어떤 죄의 굴레에 속박되어 헤어나지 못하고 있다.

수년간 사탄에 얽매인 그들을 보라!

우리는 그들에게 헛되이 훈계하고 있는지도 모른다. 우리의 경고가 헛될 수도 있다. 호의와 동정, 그리고 우리의 실패와 결점은 소년 ○○처럼 그들을 향해 서서 악령을 추방하는 일을 막고 있다.

그러나 기도하고 있는가? 성내지 않는 사랑(고전 13:5)으로 뒷받침 받는 기도를 하고 있는가?

정결한 마음과 거룩한 생활과 순수한 믿음이 있다면, 하나님은 남녀노소를 막론하고 모든 기도에 응답해 주신다. 하나님은 기도에 응답하신다. 우리는 아무래도 약하고 불완전할 뿐이다. 우리가 진실할 수도 있지만 잘못 구할 때도 있는 것이다. 그러나 하나님은 약속하신 일에 신실하셔서 우리가 해를 당하지 않도록 지키시고, 필요한 모든 것을 공급해 주실 것이다.

내가 기도한 것을 받을 수 있을까?

하나님은 가장 잘 아신다.

자녀들보다 지혜로우시니

의지할 수 있도다.

"사랑하는 자들아 만일 우리 마음이 우리를 책망할 것이 없으면 하나님 앞에서 담대함을 얻고 무엇이든지 구하는 바를 그에게서 받나니 이는 우리가 그의 계명을 지키고 그 앞에서 기뻐하시는 것을 행함이라"(요일 3:21-22).

무릎으로 산 위대한 그리스도인

헨리 모턴 스탠리 Henry Morton Stanley 1841-1904

헨리 모턴 스탠리

기자 활동을 하다 1869년 아프리카에서 소식이 끊긴 데이비드 리빙스턴(David Livingstone)을 찾아내라는 밀명을 받고 아프리카 탐험에 뛰어든 인물이다. 그는 천신만고의 역정 끝에 1871년 11월 식량과 약품이 모두 떨어진 채 앓고 있는 리빙스턴과 극적으로 만났다. 이때 스탠리가 "리빙스턴 박사님이시지요?"라고 인사를 건넨 것은 유명한 일화이다.

1874년에 리빙스턴 구출을 위해 다시 한 번 아프리카로 갔으나 이번에는 리빙스턴의 죽음만을 확인할 수 있었다. 하지만 이 탐험에서 스텐리는 나일강의 원천인 빅토리아호를 발견하고 아프리카 대륙을 횡단하는 등 아프리카 탐험 역사의 한 장을 새로 썼다.

그를 불굴의 탐험가로 만든 요인으로는 그의 타고난 담대함과 인내심, 치밀함 등을 들 수 있겠지만, 무엇보다도 그를 정신적으로나 도덕적으로 강하게 만들어 준 기도의 힘을 언급하지 않을 수 없다. 그는 새로운 도전과 위험 앞에 설 때마다 동료들에게 이렇게 말하였다.

기도는 나의 눈을 멀게 하거나 마음을 희미하게 하거나 귀를 막지 않았습니다. 반대로 자신감을 주었습니다. 뿐만 아니라 나의 일에서 즐거움과 자부심을 얻게 해주었

리빙스턴과 조우한 스탠리

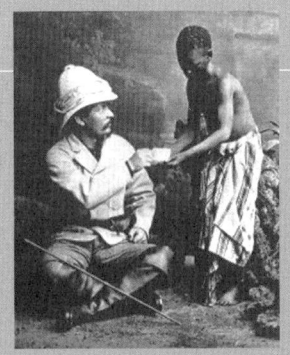

원주민 소년과 스탠리

고, 1,500마일의 숲속을 거뜬히 지나갈 수 있도록 희망을 주었으며, 매일매일의 위험을 극복할 의욕을 주었습니다.

그의 알려지지 않은 일화 가운데는 우간다의 토인들에게 복음이 전해지게 된 기적 같은 이야기가 있다. 탐사 여행 중에 만난 한 원시 부족의 추장에게 예수 그리스도의 구속 사역을 설명하고 깊은 인상을 심어 준 스탠리는 더 나아가 그 지역에 선교사를 보내 달라는 편지를 보낼 결심을 하였고, 그 중요한 편지를 본국에 전달할 인물로 한 프랑스인을 선발하게 되었다. 불행하게도 그 젊은이는 험난한 여정 중 무지몽매한 토인들에게 살해당하고 만다.

그의 비참한 죽음은 헛된 것이 아니었다. 몇 달 뒤 영국 군인들에게 그의 유골과 함께 그가 신었던 부츠 안에 있던 스탠리의 편지가 발견되었던 것이다. 한 용감한 탐험가의 기도와 이름 없는 청년의 희생은 이렇게 해서 위대한 기적 하나를 성취하였다. 이 편지에 감동받은 일곱 명의 선교사가 스탠리가 있던 오지로 들어가서 그 일대의 원주민에게 그리스도의 사랑을 전하게 되었기 때문이다.

하나님은 기도하는 사람들에게
마음을 계시해 주신다.
그분의 성령이 기도하는 사람들의 마음속에
새로운 생각을 부어 주신다.

10

How God
Answers
Prayer

어떻게
응답
하시는가?

방법을 몰라도

하나님과 하나님이 우리를 다루시는 방법을 완전히 이해하는 것은 한마디로 불가능하다.

"깊도다 하나님의 지혜와 지식의 풍성함이여, 그의 판단은 헤아리지 못할 것이며 그의 길은 찾지 못할 것이로다"(롬 11:33).

사실이다. 그러나 괜한 고생을 할 필요가 없다. 하나님이 전지전능하시다면 이따금씩 당황스러울 때도 있겠지만, 기도에 문제가 있을 수는 없다.

우리는 하나님의 방법을 알 수 없다. 그러나 기도에 응답하시는 방법은 어느 정도 알 수 있다.

How God
Answers
Prayer

가장 먼저 우리가 평범한 사실들에 대해서 얼마나 무지한지 생각해 보아야 할 것이다. 대단히 깊은 지식을 가진 발명가 에디슨(Thomas A. Edison)은 1921년 8월에 이런 글을 발표했다.

우리는 어떤 것에 대한 1퍼센트의 100만 분의 1도 모른다. 우리는 물이 무엇인지 모른다. 빛이 무엇인지 모른다. 중력이 무엇인지 모른다. 무엇이 우리가 설 수 있도록 발을 지탱하고 있는지 모른다. 전기가 무엇인지 모른다. 열이 무엇인지 모른다. 자기(磁氣)가 무엇인지 전혀 모른다. 우리는 수많은 가설들만 세우고 있다. 가설, 그게 전부이다.

그러나 우리가 이렇게 무지하다고 해서 이것들을 활용하지 못하는 것은 아니다. 기도에 대해 모르는 면이 너무 많다고 해서 이것이 기도를 못하도록 막지는 않는다. 주님이 기도에 대해 가르쳐 주신 것을 우리는 알고 있다. 그리고 우리에게 모든 것을 가르쳐 주실 성령을 보내 주셨음도 알고 있다(요 14:26). 그러면 기도에 대한 하나님의 응답은 어떻게 이루어지는가?

마음의 계시

하나님은 기도하는 사람들에게 마음을 계시해 주신다. 그분의 성령이 기도하는 사람들의 마음속에 새로운 생각을 부어 주신다. 우리는 사탄과 그의 사자들이 우리 마음속에 악한 생각을 침투시키려고 동분서주하고 있음을 너무나 잘 알고 있다. 그런데도 하나님과 천사들이 우리에게 선한 생각을 주실 수 있을까?

가난한 자, 연약한 자, 범죄한 자, 그 어느 누구나 다른 사람들의 마음에 좋은 생각을 줄 수 있다. 이것이 사람들이 글을 쓰는 이유이다. 우리는 이 백지 위에 찍힌 몇 안 되는 검은 활자들이 인간을 고취시키고 감화를 주거나, 저하시키고 낙심시키거나, 죄를 깨닫게 해줄 수 있다는 것에 대해 놀라워하지 않는다. 그러나 교육받지 않은 야만인에게는 엄청난 기적일 수밖에 없다. 더욱이 우리는 가끔 사람들의 얼굴 표정이나 눈에서 그 사람들의 생각을 읽을 수 있다.

오늘날에는 인간과 인간 간의 생각 전이까지도 평범한 일이 되어 버렸다. 이렇듯 하나님은 그분의 생각을 다양한 방법으로 전달하실 수 있다.

이에 대한 유명한 예를 지난해 미국 노스필드에서 한 연사가 말했다. 그는 몇 해 전 노령의 포경선 선장을 만나 다음과 같은 이야기를 들었다고 한다.

꽤 오랜 세월이 흘렀군요. 고래잡이를 위해 혼곶을 떠나 적막한 곳으로 항해 중이었습니다. 어느 날 남쪽에서 강풍이 정면으로 불어오고 있었습니다. 계속 이 방향으로 침로를 잡았지만 오전 내내 거의 전진하지 못했습니다. 11시경 타륜 곁에 서 있을 때, 갑자기 생각이 떠올랐습니다. '왜 이 파도에 배를 난타시키고 있지? 아마 북쪽으로 가도 남쪽에서만큼 많은 고래들이 있을 거야. 바람을 거스르지 말고 바람을 따라가 보자.' 이런 갑작스러운 생각 끝에 뱃길을 돌려 남쪽으로 가지 않고 북쪽으로 항해하기 시작했습니다. 한 시간 뒤 정오에 뱃머리 망꾼이 "전방에 배들이 보인다!"라고 소리치더군요. 즉시 네 척의 구명정을 포착했는데 거기에는 10일 전에 배의 화재로 인해 파선하여 겨우 생존한 승무원 열네 명이 있었습니다. 그들은 구명정을 타고 계속 표류하면서 필사적으로 하나님께 구조를 간구하고 있었습니다. 우리가 도착했을 때는 그들을 구조하기에 가장 아슬아슬한 시간이었습니다. 하루만 더 늦었어도 그들은 생존하지 못했을 것입니다.

늙은 고래잡이 선장은 덧붙여 말했다.

당신이 종교를 가지셨는지는 모르겠습니다만 실은 저는 그리스도인입니다. 저는 매일 하나님이 저를 다른 사람을 돕는 일에 써 주실 것을 기도하면서 일과를 시작해 왔습니다. 그리고 그날 나의 뱃길을 돌리도록 하나님이 내 마음속에 생각을 넣어 주셨다고 확신합니다. 그 생각이 열네 명의 생명을 구했던 것입니다.

하나님은 우리에게 하실 말씀이 많다. 그분은 우리 마음에 주실 생각도 많다. 그러나 우리는 하나님의 일을 하는 데 너무 바쁜 나머지 하나님의 말씀을 듣지 않는다. 기도는 하나님이 우리에게 말씀하시고 그분의 뜻을 계시할 기회를 제공해 준다. 우리는 "주여, 말씀하소서. 주님의 종이 듣겠습니다." 하는 태도를 가져야 할 것이다.

하나님은 우리가 위하여 기도하는 사람의 마음속에 새로운 생각을 넣어 주심으로 기도에 응답하신다. 나는 예배 중 승리의 생활에 대해서 계속 설교해 오다가, 어느 날 오후 회중에게 진정으로 거룩한 생활을 원한다면 서로 다투는 것을 화해하라고 촉구했다.

어느 부인은 곧장 집으로 가서 간절히 기도한 후 뜻이 맞지 않아 20년간 관계를 끊었던 자기 여동생에게 편지를 썼다. 다음날 아침, 용서를 구하고 화해를 요청하는 편지가 30마일 밖에 살고 있던 그 여동생으로부터 왔다. 두 사람의 편지가 왕래한 것이었다. 한 자매가 다른 자매를 위해 하나님께 기도하고 있는 동안 하나님은 그 다른 자매에게 화해할 마음을 불어넣으셔서 말씀하셨던 것이다.

당신은 왜 하나님이 그런 마음을 미리 주지 않으셨을까 궁금해할 것이다. 하나님은 그 여동생도 용서할 마음을 갖기까지는 그녀에게 용서해 달라는 편지를 써 보내도 소용없는 것을 미리 아셨기 때문이라고 봐야 할 것이다.

사실 우리가 다른 사람을 위해 기도할 때, 하나님이 어떤 방법으로든지 그들을 위해 영향력을 행사하실 길이 열린다. 하나님은 우리의 기도를 필요로 하신다. 그렇지 않으면 기도를 요구하지 않으셨을 것이다.

우리가 기도할 때

얼마 전에 주간 기도회를 마치자 한 경건한 부인이 거기에 남은 사람들에게 자기 남편을 위해 기도해 달라고 부탁하였다. 그녀의 남편은 예배드리는 장소에 가까이 가는 것마저 꺼리는 사람이었다.

기도회 인도자는 그 자리에서 계속 기도할 것을 제의하였다. 매우 간절히 기도가 드려졌다.

그런데 그 남편은 아내에게 헌신적이었고, 종종 그녀를 마중 나오기도 했다. 그날 밤도 찾아왔는데 마침 기도회가 진행되는 중이었다. 하나님이 그 사람의 마음속에 문을 열고 들어와 안에서 기다리고 싶은 마음을 주셨다. 그것은 그가 이전에 한 번도 해 보지 않은 일이었다.

그는 출입문 가까이 있는 의자에 앉아 손으로 턱을 괴고 있다가 얼핏 간구하는 소리를 들었다.

집으로 돌아가는 도중에 "여보, 오늘밤에는 누구를 위해 그렇게 간절히 기도하였소?" 하고 남편이 물었다. 부인은 대답하기를 "예, 우리 직원 중 어떤 부인의 남편을 위해 기도했어요."라고 했다.

"그래요? 난 그가 꼭 구원받으리라고 장담하오. 하나님은 그런 간절한 기도에 반드시 응답해 주실 테니까 말이오."라고 남편이 말했다.

잠시 후 저녁에 그 남편은 다시 물었다. "여보, 그들이 기도한 사람은 누구였소?"

부인은 아까와 같은 말로 대답해 넘겼다. 그날 저녁, 그는 쉬려고 혼자 있었지만 잠을 이룰 수가 없었다. 그는 깊은 죄의식에 사로잡혔다. 잠자는 아내를 깨워서 자기를 위해 기도해 달라고 했다.

우리가 기도할 때 하나님이 역사하실 수 있다는 사실을 얼마나 명백히 보여 주는가? 하나님은 그 사람이 어느 때든지 기도회에 들어가도록 자극하실 수 있었다. 그러나 그가 그 기도회에 들어간다 해서 어떤 좋은 일이 일어났을지는 의문이다. 그들이 그를 위해 간절하게 전심을 기울여 기도드렸을 때, 하나님은 그들의 기도가 그 가엾은 사람을 충분히 움직일 수 있을 것으로 보셨다.

하나님이 우리의 사역을 도우시고 결심을 굳게 해주시는 것은 우리가 기도할 때이다. 왜냐하면 우리는 우리 자신의 많은 기도에 응답할 수 있기 때문이다.

어느 몹시 추운 겨울날, 한 부유한 농부가 굶주린 이웃을 보호해 주실 것을 하나님께 기도하고 있었다. 가정 기도가 끝났을 때, 꼬마 아이가

"아버지, 이 일로 하나님을 괴롭힐 필요가 없다고 생각해요."라고 말했다. 아버지는 "왜 그렇지?" 하고 물었다. "그 이유는 그 사람이 굶주리지 않도록 아버지께서 충분히 해결해 주실 수 있기 때문이에요."라고 아이가 대답했다.

우리가 타인을 위하여 기도한다면 동시에 그들을 도와주려고 노력해야 한다는 사실에는 털끝만 한 의심의 여지도 없다.

어린 회심자가 자기 교회 목사님께 봉사할 기회를 요청했다.

"너에게 친구가 있니?"

"예." 하고 그 소년은 대답했다.

"그 애도 그리스도인이니?"

"아니요, 그 애는 과거의 저처럼 천방지축이에요."

"그러면 가서 그리스도를 구주로 영접하라고 그 친구에게 얘기해 보아라."

"아, 안 돼요. 그건 죽어도 할 수 없어요. 그것만 제외하고 무슨 일이든 맡겨 주세요." 하고 그 어린아이가 말했다.

"그럼, 나에게 두 가지만 약속해라. 그 친구에게 그의 영혼에 대하여 말하지 않겠다는 것과 그의 회심을 위해 매일 두 번씩 하나님께 기도하겠다는 걸 말이야." 하고 목사님이 제안하였다.

그때 소년은 "예, 기꺼이 그렇게 할게요."라고 대답했다.

두 주일이 되기도 전에 그는 목사님 집에 헐레벌떡 달려와서 "목사님, 제 약속을 취소시켜 주세요! 친구에게 말하지 않고는 견딜 수가 없어요!"

라고 소리쳤다. 그가 기도를 시작했을 때, 하나님은 그에게 증거할 능력을 주실 수 있었던 것이다.

친구들과 진정한 친교를 하려면 반드시 하나님과의 교제가 있어야 한다. 사람들은 타인을 위해 거의 기도하지 않기 때문에 그들 영혼의 상태에 대해서도 거의 말하지 못하고 있다고 나는 믿는다.

나는 열세 살 때, 정해진 어느 날까지 해외 선교 후원자를 스무 명 확보하게 해달라는 간구를 드린 결과 기도에 대한 믿음이 확고하게 되었던 것을 잊을 수가 없다. 그날 밤이 다 가기 전에 정확하게 스무 명이 확보되었던 것이다.

하나님이 그 기도를 들어주실 것이라는 의식은 곧 적극적인 노력의 동기가 되고, 또한 다른 일을 시작하는 것에 비할 데 없는 용기를 제공해 주는 것이다.

영국의 어떤 목사님이 교인들에게 그곳에서 가장 악한 한 사람을 위해 매일 기도하고 찾아가서 예수님에 대해 말씀을 전하자고 제의했다. 단 여섯 명만 그렇게 하겠다고 동의했다.

집에 도착하자마자 그 목사님은 기도했다. 그러고는 "이 일을 교인들에게 맡길 수는 없어. 내가 실천하지 않으면 안 돼. 나는 누가 악한 사람인지 모르니까 나가서 물어보는 수밖에 없겠군." 하면서 밖으로 나갔다.

그 목사님은 어느 거리 구석진 곳에서 한 험상궂은 사람을 보고 다가가 "당신이 이 지역에서 가장 악한 사람입니까?" 하고 물었다.

"아니요, 그렇지 않습니다."

"누가 가장 나쁜 사람인지 제게 좀 알려 주시겠습니까?"

"예, 그러죠. 그 사람은 저쪽 아래편 거리 7번지에서 만날 수 있을 것입니다."

그 목사님은 7번지를 찾아 문을 두드려 안으로 들어섰다. "저는 우리 교구에서 가장 나쁜 사람을 찾고 있습니다. 사람들은 당신이 그 사람일 거라고 말하던데요."

"누가 그런 소리를 하더란 말이오? 그 사람을 이리 데리고 오시오! 내가 그 사람에게 누가 가장 나쁜 사람인지 보여 줄 테니까요! 아니, 나보다 더 나쁜 사람이 많이 있습니다."

"그럼, 누가 가장 나쁜 사람인지 아십니까?"

"모든 사람이 그를 알고 있죠. 그는 저 건물 끝에 살고 있습니다. 가장 나쁜 사람은 그 사람입니다."

목사님은 그 건물로 가서 대문을 두드렸다. "들어오세요."라는 소리가 났다. 거기에는 그 사람과 부인이 함께 있었다.

"실례하겠습니다. 저는 이 구역 목사입니다. 제가 꼭 말씀드릴 일이 있어서 이 구역에서 가장 나쁜 사람을 찾고 있습니다. 당신이 가장 나쁜 사람입니까?"

그 남자가 부인에게로 돌아서면서 "여보, 5분 전에 내가 당신에게 한 말을 이분에게 말씀드려요."

"아니, 당신이 직접 말씀드려요."

"무슨 말씀인데요?" 하고 목사님이 물어보았다.

"저는 12주 동안 술을 마셔 왔습니다. 알코올 중독에 의한 섬망증에 걸려 집 안에 있는 전당 잡힐 만한 물건은 모두 전당포에 맡겨 버렸습니다. 그리고 5분 전에 아내에게 '여보, 이 병이 좀 떠났으면 좋겠소. 만일 이 병이 지속된다면 내 생을 끝내겠소. 물에 빠져 죽어 버릴 것이오.' 하고 말했습니다. 그때 당신이 문을 두드리더군요. 제가 바로 가장 나쁜 그 사람입니다. 제게 무슨 하실 말씀이라도 있습니까?"

"예, 제가 당신에게 예수 그리스도가 가장 위대한 구주시요, 그분이 가장 악한 사람을 가장 선한 사람으로 변화시키시는 분임을 말씀드리려고 왔습니다. 그분이 저를 위해서도 그렇게 하셨으니 당신을 위해서도 그렇게 하실 것입니다."

"그분이 저 같은 사람을 위해서도 그렇게 하실 수 있습니까?"

"예, 그러실 거라고 확신합니다. 무릎을 꿇고 예수님께 간구하십시오."

그 불쌍한 술주정뱅이는 죄에서 구원을 받았을 뿐만 아니라, 빛나는 그리스도인이 되어 다른 술주정뱅이들을 주 예수 그리스도께로 인도하고 있다.

최선의 것을 주시는 하나님

하나님이 기도에 응답하셔서 병든 몸을 고치시고, 비나 쾌청한 날씨를 주시고, 안개를 걷으시고, 번민과 고뇌를 제거하실 수 있는 분임을 믿는 것은 어려운 일이 아니다.

우리가 상대하는 하나님은 지혜가 무한하시다. 하나님은 의사의 마음 속에 특정 의약이나 치료 방법을 넣어 주실 수도 있다. 모든 의사의 기술은 하나님으로부터 비롯되었다.

하나님은 인간의 골격 구조를 다 알고 계신다. 그분이 창조하셨기 때문이다. 그분은 가장 현명한 의사보다 훨씬 더 깊이 알고 계신다. 그분이 만드셨으므로 고치실 수 있는 것이다.

우리는 하나님이 모든 의학적 기술도 사용하기 원하신다는 것을 믿는다. 동시에 하나님은 놀라운 지혜로 고치실 수 있고, 때로는 인간의 도움 없이도 치료하실 수 있다는 사실도 믿는다.

우리는 하나님이 원하시는 방법으로 역사하시도록 해드려야 한다. 흔히 우리는 우리가 원하는 방법으로 하나님을 얽어매려 하고 있다.

하나님의 목적은 우리의 기도에 응답하심으로 그분의 영광이 드러나게 하시는 것이다. 때로는 하나님은 우리의 욕구는 정당하지만 우리의 간구가 잘못되었음을 아신다.

사도 바울은 자기 육체의 가시가 제거되기만 하면 하나님께 더 영광을 돌릴 수 있을 것이라고 생각했다. 그러나 하나님은 그 가시가 있는 것이 그에게, 그리고 사역에 더 나을 것을 아셨다. 그래서 하나님은 그의 기도에 대해 안 된다고 거듭 말씀하시면서 그 이유를 설명하신 것이다.

히포의 모니카(Monica)에게도 그와 같은 일이 있었다. 그녀는 방탕한 아들 아우구스티누스(Aurelius Augustinus)의 회심을 위하여 수년간 기도했다. 아우구스티누스가 가출하여 바다 건너에 있는 로마로 가기로 결심했을 때, 그녀는 그를 자기 곁에 자기 품 안에 있게 해달라고 간절히 미친 듯이 기도했다.

그녀는 밤새워 기도하려고 배가 닻을 내리고 있는 해변의 어느 조그만 예배당으로 내려갔다. 그러나 아침이 밝아 오자 그녀가 기도하고 있던 시간에 아우구스티누스를 태운 배가 출항해 버렸음을 알게 되었다. 그녀의 간구는 거절되었다.

하지만 결국 그녀의 진정한 소원은 성취되었다. 아우구스티누스가 로마에서 그를 그리스도에게로 인도해 줄 교부 암브로시우스(Ambrosius)를 만난 것이었다. 하나님이 최선이 무엇인지를 알고 계신다는 사실을 알 때, 얼마나 위로가 되는가?

그러나 하나님이 우리의 기도에 따라 어떤 일을 해야 한다는 사실을 불합리하다고 착각해서는 안 된다. 어떤 사람들은 하나님이 우리를 진정으로 사랑하신다면 우리가 기도하든지 안 하든지 가장 좋은 것을 주지 않으시겠느냐고 말한다.

우리가 일해야 한다

해리 포스딕(Harry E. Fosdick)은 그 점에 대해서 하나님은 인간 스스로가 할 일을 많이 남겨 놓으셨다고 멋있게 지적했다.

하나님은 파종기와 추수기를 약속하셨다. 그러나 사람은 하나님이 동참하시도록, 토양을 준비하고, 갈고, 씨를 뿌리고, 거두어야 하는 것이다. 하나님은 먹고 마실 것을 주신다. 그러나 먹고 마시는 일은 우리의 일이다.

하나님께서는 우리의 도움 없이 하실 수 없는, 적어도 하지 않으시는 일이 있다. 하나님은 우리가 생각하지 않는 한 무엇을 하지 않으신다. 하나님은 진리를 무지막지하게 하늘에 펼쳐 놓지 않으신다.

자연의 법칙은 항상 존재한다. 그러나 그것들을 우리를 위해, 그리고 하나님의 영광을 위해 이용하자면 그것들을 생각하고, 실험하고, 또 생각해야 한다.

우리가 일하지 않으면 하나님이 하실 수 없는 일이 있다. 하나님은 저 언덕을 대리석으로 가득 채워 놓으신다. 그러나 하나님은 성전을 건축하지 않으신다. 그분은 산들을 철광으로 채워 놓으신다. 그러나 그분은 바늘이나 자동차를 만들지 않으신다. 하나님은 그것들을 우리에게 맡기셨다. 우리가 일해야 한다.

그런데 하나님이 수많은 일들을 사람의 생각과 노력에 맡겨 주셨다면, 왜 어떤 것은 기도에 의존하도록 맡겨 주지 않으시겠는가? 하나님은 그렇게 해놓으셨다.

구하라! 그러면 받을 것이요.

어떤 것은 구하지 않으면 주지 않으신다. 기도는 사람이 하나님과 협력할 수 있는 세 가지 방법 중 하나이며, 그중에 제일 중요한 것이다.

능력의 사람은 예외 없이 기도의 사람이다. 하나님은 기도하는 사람에게만 성령을 충만히 주시며, 기도 응답은 성령의 활동을 통하여 임한다. 모든 믿는 사람 안에는 그리스도의 영이 내주하고 있다.

"누구든지 그리스도의 영이 없으면 그리스도의 사람이 아니라"(롬 8:9).

그러나 능력 있는 기도의 사람은 하나님의 성령으로 충만해야 한다.

최근 어느 여자 선교사가 편지로 "기도의 사람 하이드(John Hyde)가 불신자를 만나 이야기하기만 하면 꼭 회개하고 돌아온다는 이야기를 종종 들었어요."라고 전해 주었다. 그러나 하이드는 그런 일에 실패하면 자기 방으로 돌아가 하나님께 쓰임 받는 일에 대해 자신의 무엇이 방해물인지 보여 달라고 기도로 매달린다는 것이었다.

그렇다. 우리가 하나님의 성령으로 충만해 있으면 다른 사람들을 하나님 쪽으로 향하게 하는 일은 전혀 문제가 되지 않는다. 그러므로 사람에게 능력을 보이려면 먼저 하나님으로부터 오는 능력을 갖추지 않으면 안 된다.

당신과 나에게 있어서 중요한 문제는 "하나님이 어떻게 기도에 응답하시는가?"가 아니라, "나는 진실로 기도하는가?"이다.

하나님이 얼마나 큰 능력을 우리에게 맡겨 두셨는가! 하나님을 불쾌하게 하는 것을 우리가 붙잡고 있을 만한 가치가 있다고 생각해 본 적이 있는가?

그리스도인 친구들이여, 전폭적으로 그리스도를 신뢰하라. 그리하면 그분이 전적으로 참되시다는 것을 발견할 수 있을 것이다.

하나님이 그분의 마음을 우리 안에 두실 기회를 드리자. 그리하면 다시는 기도의 능력을 의심하지 않을 것이다.

무릎으로 산 위대한 그리스도인

히포의 모니카 Monica 332-387

히포의 모니카

기독교 3현모(賢母) 가운데 한 사람인 히포의 모니카는 기독교 역사상 큰 획을 그은 신앙 위인 아우구스티누스(Aurelius Augustinus)의 친모이다. 이 시대 최고의 성자로 일컬어지는 아우구스티누스를 방탕한 삶에서 건져 내어 기독교도로 개종시킨 것이 바로 그 어머니 모니카였다. 아우구스티누스도 그의 불후의 명저『참회록』(Confessions)에서 그 사실을 인정하고 있다.

오, 하나님이여, 당신은 나에게 구원의 손길을 보내 주시고 칠흑 같은 어둠 속에서 헤매던 나의 영혼을 건져 주셨습니다. 이는 자식의 죽음을 애통해하는 것보다 훨씬 더 갈급한 마음으로 내 영혼의 구원을 위해 매일 눈물로 주님께 매달렸던 어머니의 기도를 하나님이 들어주신 것입니다.

모니카가 밤을 지새우며 눈물로 기도드린 세월은 10년이 넘는 것이었다. 그래도 아들이 타락의 구렁텅이에서 빠져나올 줄을 모르자 그녀는 존경하던 암브로시우스(Ambrosius) 주교를 찾아갔다. 그녀가 흐느껴 울며 아들을 돌이킬 방도를 묻자 현명한 주교는 이렇게 답했다. "너무 염려하지 마십시오. 낙심하지 마십시오. 눈물로 기도하는 어머니가 있는 아들은 결단코 망하지 않을 것입니다."

아우구스티누스와
그의 어머니 모니카

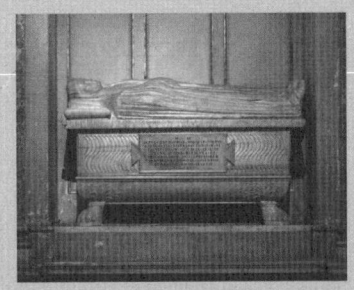

로마 산타고스티노 성당에
안치되어 있는 모니카의 석관

그의 말대로 하나님은 모니카의 기도를 외면하지 않으시고 아우구스티누스를 돌이키셨으며, 기독교사에 길이 남을 신학자요 종교 지도자가 되게 하셨다. 멸망의 길을 가고 있는 영혼의 구원을 위해 하나님의 자비를 구하였던 모니카의 눈물은 옛 로마 전례의 모니카 축일 기도문에도 고스란히 남아 있다. 그 기도문을 옮겨 보면 다음과 같다.

이 어머니는 아들 아우구스티누스의 회심을 위해 울며 기도했다.
오, 복된 어머니여!
그대의 큰 갈망에 따라 언젠가는 기도의 응답을 받게 될 어머니여!
이 애달픈 어머니는 밤낮을 가리지 않고 아들을 위해 울며 기도했다.
보라, 보라, 울 줄 안 이 과부를! 아들을 위해 쓰라린 눈물을 흘렸도다.
이 거룩한 어머니의 눈에서 쏟아진 눈물이 강을 이루어 소리치도다.
주님께 부르짖도다. 위로받을 길 없는 이 어머니는
헤아릴 수 없을 만큼 많은 눈물을 흘렸도다.

기도에 대한 모든 장애물은
하나님이 그분의 자녀들을 위해 계획하신
거룩한 생활에 대한
하나님의 거룩한 말씀의 교훈을 모르거나,
우리 자신을 하나님 앞에서
온전히 성별하지 못한 데에서 야기된다.

11

Hindrances
to Prayer

무엇이
기도를
막는가?

문제는 바로 나 자신

우리가 가끔 읊는 시 중에 이런 것이 있다.

은혜의 보좌로 나아갈 때에
거치는 장애물이 얼마나 많은지.

그렇다. 장애물이 너무 많다. 그러나 그 장애물의 대부분은 우리 자신이 만드는 것이다.

하나님은 우리가 기도하기를 원하신다. 사탄은 기도하는 것을 싫어하여 할 수 있는 모든 짓을 한다. 사탄은 우리가 노력을 통해서보다 기도를 통해 더 많은 것을 성취할 수 있음을 안다. 그래서 그는 기도 이외의 것을 통해 일하도록 만드는 것이다.

Hindrances
to Prayer

이미 기도를 막는 사탄에 대해 언급한 바 있다.

여전히 큰 힘으로 우리의 진군을 막는
은밀한 불구대천의 원수들,
보이지 않는 무수한 악의 사자들.

그러나 우리의 눈을 주님께만 향하게 한다면 그들을 두려워할 필요가 없다. 또 주목할 필요도 없다. 거룩한 천사가 타락한 천사보다 강하기 때문에 우리는 천군 천사들에게 호위를 맡길 수 있다.

  기도를 망쳐 놓는 혼란스러운 생각들이 악의 사자들로부터 온다는 것을 알 수 있을 것이다. 기도하려고 무릎 꿇기가 무섭게 해야 할 일, 곧 살펴보아야 할 일 등이 생각난다. 이런 생각들은 두말할 나위도 없이 악령들의 자극을 받아 나온 것임에 틀림없다. 이 혼란스러운 생각들을 해결하는 유일한 방법은 마음을 하나님께 고정시키는 것이다. 사람에게 있어서 최악의 원수는 자신임에 틀림없다. 기도는 하나님의 자녀를 위한 것이며, 하나님의 자녀로 사는 자는 반드시 기도해야 한다.

최상의 문제는 "내 속에 어떤 원수를 숨기고 있는가? 내 속에 어떤 배반자가 있는가?" 하는 것이다. 우리가 신뢰와 순종과 봉사의 조건을 채우지 않으면 하나님은 최선의 영적 축복을 주실 수 없다.

우리는 가끔 하나님의 요구 조건을 충족시키고 있는지 전혀 생각해 보지도 않고, 하나님의 가장 훌륭한 영적 축복을 간절히 구하고 있지는 않은가? 우리는 받기에 합당하지도 않으면서 복을 달라고 기도하지는 않는가? 하나님의 존전에서 자신에게 정직할 수 있겠는가? 감히 하나님 앞에 "하나님, 저를 살피소서. 보소서." 할 수 있겠는가? 나를 위하여 또한 나를 통해서 주실 하나님의 축복을 가로막는 것은 없는가?

우리는 기도의 문제를 논의하고 있다. 그러나 토론이나 분석 검토가 필요한 문제는 바로 우리 자신이다. 기도는 이상 없다. 절대적으로 그리스도께 붙어 있는 심령에게는 기도에 문제가 있을 수 없다.

기도를 방해하는 장애물

이제 기도가 어떻게 좌절되는지 보여 주는 일반 성경 본문을 인용하지 않고, 다만 각자 자신의 마음을 살펴보아야 함을 강조하고자 한다. 아무리 작은 죄라도 죄는 기도를 저해하며, 그것이 기도 자체를 죄악으로 몰고 간다.

서부 아프리카의 이슬람교도들 사이에는 이런 말이 있다. "순결함이 없으면 기도가 없고, 기도가 없으면 하늘의 물을 마실 수도 없다." 성경에서 이 진리가 너무나 명백하게 교훈되어 있음에도 불구하고, 누구나 죄와 기도를 마음속에 나란히 잔존시키려 하는 것을 볼 때, 놀라지 않을 수가 없다. 이런 사람들이 아직도 많이 있다.

다윗도 부르짖기를 "내가 나의 마음에 죄악을 품었더라면 주께서 듣지 아니하시리라"(시 66:18)라고 했다. 이사야는 "오직 너희 죄악이 너희와 너희 하나님 사이를 갈라놓았고 너희 죄가 그의 얼굴을 가리어서 너희에게서 듣지 않으시게 함이니라"(사 59:2)라고 했다. 실로 기도를 방해하는 것은 그리스도께서 듣지 않음이 아니라, 우리 안에 있는 죄라는 데 긍정하지 않을 수 없다. 대체로 기도 생활을 망쳐 놓거나 실패하게 만드는 것은 조그마한 죄이다.

기도를 막는 것으로 다음과 같은 것들을 예로 들 수 있다.

1. 의심

불신은 기도에 가장 큰 장애물임에 틀림없다. 주님은 보혜사가 와서 "죄에 대하여……세상을 책망하시리라 죄에 대하여라 함은 그들이 나를 믿지 아니함이요"(요 16:8-9)라고 하셨다. 우리는 이 세상에 속해 있지 않다. 그러나 실제적으로 이것을 불신하는 사람들이 얼마나 많은가?

사도 야고보는 신자들에게 편지하면서 "오직 믿음으로 구하고 조금도 의심하지 말라 의심하는 자는……무엇이든지 주께 얻기를 생각하지 말라"(약 1:6-7)라고 강조했다.

어떤 이들은 구하지 않아서 얻지 못하고, 어떤 이들은 믿지 않아서 얻지 못한다. 우리가 간구하기 전에 충분한 시간 동안 찬양과 감사를 드리는 것이 조금이나마 석연치 않은 일이라고 생각하고 있지는 않은가? 그러나 주님의 영광스러운 위엄의 빛과 사랑과 은혜의 놀라운 일들을 조금이라도 접해 봤다면 불신과 의심은 마치 떠오르는 태양 앞에 안개처럼 사라질 것이다.

이것이 바로 아브라함이, 믿음이 없어 하나님의 약속을 의심하지 않고 믿음으로 견고하여져서 하나님께 영광을 돌리며 약속하신 그것을 또한 능히 이루실 줄을 확신한 이유가 아니겠는가?(롬 4:20-21) 하나님의 엄청난 사랑을 안다고 하면서 의심하는 것은 정말 어처구니없는 일이다.

2. 자아

자아는 모든 죄악의 뿌리다. 우리는 선행에까지도 얼마나 자기의식에 사로잡히기 쉬운가? 우리는 자아가 갈구하는 것을 좀처럼 포기하려 하지 않는다. 손에 가득 들고는 그리스도의 선물을 받을 수 없다.

주님이 기도를 가르치시면서 마디마디에 '우리'라는 말을 넣으신 것도 이 때문이다.

"우리 아버지여……오늘 우리에게……우리가 우리에게……우리 죄를……우리를 시험에"(마 6:9-13).

교만은 기도를 방해한다. 왜냐하면 기도는 자기를 낮추는 것이기 때문이다. 하나님의 목전에 교만은 얼마나 가증한 것인가! 모든 것을 주셔서 풍성하게 누리게 하시는 이는 하나님이시다. 사도 바울은 "네게 있는 것 중에 받지 아니한 것이 무엇이냐"(고전 4:7)라고 묻는다.

진실로 우리의 교만이 그와 같은 유의 가증스럽고 사악한 질투와 합작하여 기도 생활을 파멸시키지 않기를 바라고 있는가? 우리가 좋아할 것이라도 그것이 교만하게 하는 것이면 하나님은 그 일을 하실 수 없다. 그래도 좋다면 우리는 얼마나 어리석은 인간들인가?

때로는 고집을 부리면 우리가 성결을 희생하면서 구한 것을 주시기도 한다. 그러나 "여호와께서는 그들이 요구한 것을 그들에게 주셨을지라도 그들의 영혼은 쇠약하게 하셨도다"(시 106:15)라는 말씀이 있지 않은가? "오, 하나님! 그와 같은 처지에 들지 않게 하소서. 자아에서 나를 구출하소서!"

또한 자아는 타인을 비판하는 것을 좋아한다. 이런 생각 자체를 우리의 기억에서 완전히 소각해 버리자. 예수님을 많이 닮으면 닮을수록 타인을 적게 판단한다. 이것은 결코 오차가 없는 시금석이다. 항상 타인을 비판하는 사람은 그리스도로부터 떠난 사람이다. 여전히 그리스도의 사람일 수 있으나 사랑의 성령을 잃고 있는 것이다.

친애하는 독자들이여, 비판하는 성품이 있다면 자신만 비판하고 결코 이웃을 비판하지 말라. 그러면 당신은 그 본성에게 충분한 기회를 줄 수 있을 것이며, 또 활용할 수도 있을 것이다.

귀에 거슬리는 말인가? 이것이 정죄하는 바로 그 죄(정죄는 죄이기에)를 범하는 것으로 보이는가? 어떤 한 개인에게 한 말이라면 그럴 것이다. 그러나 그 목적은 아무리 보아도 뚫을 수 없을 것 같은 갑옷을 꿰뚫으려는 것이다. 한 달간만 타인의 평판을 꼬집거나 캐내는 혀를 제어해 둔다면 돌아서서 다시는 험담하지 않을 것이다. "사랑은 오래 참고 사랑은 온유하며"(고전 13:4)라고 했다. 그렇게 하고 있는가? 확실한가?

다른 사람을 우리보다 나쁘게 채색할 수 있다고 해서 우리가 더 나은 것은 아니다. 그러나 우리가 타인을 멸시하는 말을 하는 것을 거부할 때, 다른 사람들의 일이나 생활에 대해 판단하는 것을 삼갈 때, 영적 기쁨과 그리스도를 위한 우리 자신의 산 증거를 충분히 증가시킬 수 있다. 처음에는 다소 어려울 수 있으나 곧 말로 형언할 수 없는 기쁨이 따라올 것이며, 도처에서 사랑으로 보답될 것이다.

현대 이단들 앞에서 침묵을 지키는 것은 정말 어려운 일이다. "성도에게 단번에 주신 믿음의 도를 위하여 힘써 싸우라"(유 1:3)라는 말을 들어 보지 않았는가? 때로는 말하지 않으면 안 될 때도 있다. 그러나 항상 사랑으로 해야 한다. 사랑을 죽이느니 차라리 과실을 용납하라.

타인의 결점을 찾아내는 개인 기도까지도 단호히 피해야 한다. '냉정한 형제'를 위해 기도한 존 하이드(John Hyde)의 이야기를 다시 한 번 읽어 보

자. 사실 비판 정신은 그 무엇보다도 거룩한 생활을 파괴한다. 그것은 대단히 무서운 죄이며 우리를 쉽게 희생물로 만들어 버린다.

믿는 사람이 사랑이신 그리스도의 영으로 충만해 있다면, 그는 친구들에게서 발견할 수 있는 비그리스도적인 행동을 결코 타인에게 말하지 않을 것이라는 말은 더 부언할 필요가 없을 만큼 당연하다. "그는 너무 무례해."라든지, "그는 너무 자만심이 강해.", "나는 그 사람을 더 이상 참아 줄 수 없어."라는 따위의 말은 분명히 불친절하고 불필요한 것이며, 어쩌면 진실하지 못한 평가이기도 하다.

사랑하는 우리 주님도 죄인들의 대항을 참으셨다. 그리고 주님은 다른 사람에 대한 이야기를 비평하거나 공개하지 않으셨다.

그런데 어찌하여 우리는 그렇게 하고 있단 말인가? 그리스도가 최고 지배자라면 자아는 단연 왕좌로부터 내려와야 한다. 마음속에 우상이 있어서는 안 된다. 하나님이 일부 종교 지도자들에게 하신 말씀을 기억하고 있는가?

> "인자야 이 사람들이 자기 우상을 마음에 들이며 죄악의 걸림돌을 자기 앞에 두었으니 그들이 내게 묻기를 내가 조금인들 용납하랴"(겔 14:3).

우리의 목적이 온전히 하나님의 영광일 때, 하나님은 기도를 들어주신다. 그리스도의 선물보다 오히려 그리스도 자신이 우리의 소원이 되어야 한다.

"또 여호와를 기뻐하라 그가 네 마음의 소원을 네게 이루어 주시리로다"(시 37:4).

"사랑하는 자들아 만일 우리 마음이 우리를 책망할 것이 없으면 하나님 앞에서 담대함을 얻고 무엇이든지 구하는 바를 그에게서 받나니 이는 우리가 그의 계명을 지키고 그 앞에서 기뻐하시는 것을 행함이라"(요일 3:21-22).

사람들이 구하고도 받지 못하는 것은 정욕으로 쓰려고 잘못 구하기 때문이다(약 4:3). 이것은 초대 교회 때나 지금이나 마찬가지다.

3. 사랑이 없는 마음

사랑이 없는 마음은 아마 기도의 가장 큰 장애물일 것이다. 사랑의 정신은 믿음의 기도를 위한 조건이다. 사람에게 잘못하고 하나님께 옳을 수는 없다. 기도의 정신은 본질상 사랑의 정신이다. 중보는 기도로 나타나는 사랑이다.

대소 간 만물을 사랑하되
최선을 다해 사랑하는 자는
최선을 다해 기도하나니
우리를 사랑하는 크신 하나님이

모든 것을 만드시고
모든 것을 사랑하심이라.

우리가 감히 하나님이 사랑하시는 자를 미워하거나 싫어할 수 있겠는가? 그렇게 한다면 진실로 그리스도의 영을 소유하고 있다고 할 수 있겠는가? 기도가 단순한 어떤 형식 이상의 것이 되려면 우리의 믿음 가운데 이 기본적인 사실들을 직면하지 않으면 안 된다. 주님은 오직 "너희를 박해하는 자를 위하여 기도하라 이같이 한즉 하늘에 계신 너희 아버지의 아들이 되리니"(마 5:44-45)라고 말씀하시지 않았는가?

그리스도인이라는 수많은 사람들이 이 문제를 한 번도 직면해 보지 않고 있다고 생각해도 괜찮을 것이다. (저명인사들을 비롯해) 얼마나 많은 그리스도인들이 자기와 의견이 맞지 않는 다른 사람들에 대하여 비난하고 있는가? 그들은 주님의 명령을 한 번도 들어 보지 못한 사람들이라고 생각해야 할 것이다.

이 땅 위에서 우리의 일상생활은 우리의 기도 능력을 가장 잘 말해 준다. 하나님은 나의 공기도나 개인 기도에 나타나는 기도의 정신 또는 어조를 따라 대응하시는 것이 아니라, 나의 일상생활에서 나타나는 정신을 따라 평가하신다.

성을 잘 내는 사람은 냉담한 기도를 할 뿐이다. 주님의 명령을 불순종하고 서로 사랑하지 않으면 우리의 기도는 거의 무용지물이 된다. 용서하지 않는 마음을 품고 기도하면 그것은 거의 시간 낭비다.

최근 한 유명한 성직자는 도저히 용서할 수 없는 사람이 있다고 하였다. 만일 그렇다면 그는 주기도를 축약해 사용하고 있다고 믿어도 될 것이다. 그리스도께서는 "우리가……사하여 준 것같이 우리 죄를 사하여 주시옵고"(마 6:12)라고 기도하라 하셨다. 또 주님은 "너희가 사람의 잘못을 용서하지 아니하면 너희 아버지께서도 너희 잘못을 용서하지 아니하시리라"(마 6:15)라고 선언하셨다.

우리는 이미 그리스도의 영을 나타내고서도 우리 자신이 필요로 하는 많은 용서를 상실하지는 않았는지 모르겠다. 원수를 용서하는, 기분을 상하게 한 친구들까지도 용서하고자 하는 최소한의 의향마저 갖지 못하면서 주기도를 반복하는 사람이 얼마나 많은가?

많은 그리스도인들은 기도에 정당한 기회를 주지 않고 있다. 그것은 의식적인 불성실 때문이 아니라 생각이 부족하기 때문이다.

그 책임은 전하고 가르치는 우리에게 있다. 우리는 행함보다 교리를 가르치는 경향이 있다. 대다수의 사람들은 옳은 것을 행하려고 한다. 그러나 큼직큼직한 것만을 바라볼 뿐 오히려 사랑의 생활에 있어서 경미한 잘못들은 보지 못한다.

주님은 또한 "형제에게 원망 들을 만한 일이 있는 것이 생각나거든"(마 5:23) 우리가 하나님께 드리던 예물까지 중단하라고 하신다. 우리의 예물을 받지 않으신다면 기도인들 응답해 주시겠는가? 욥이 (성경에 '친구'로 기록되어 있는) 그의 원수들과 논쟁하기를 그쳤을 때, 여호와는 욥의 곤경을 돌이키시고 그 전 소유보다 갑절이나 주셨다(욥 42:10).

우리는 생활이 기도를 막는다는 사실을 발견하기에 얼마나 게으르고 나태한가? 뿐만 아니라 사랑의 생활을 하는 데 얼마나 무관심한가?

그렇다. 우리는 사람을 얻기 원한다.

주님은 우리에게 한 길을 보여 주셨다. 사람의 결점을 널리 공개하지 말라 하신 것이다.

"네 형제가 죄를 범하거든 가서 너와 그 사람과만 상대하여 권고하라 만일 들으면 네가 네 형제를 얻은 것이요"(마 18:15).

우리 대부분은 오히려 형제들을 아프게 하고 있다.

가정생활도 기도를 막는다. 사도 베드로는 기도가 막히지 않도록 가정생활을 어떻게 해야 할지 잘 말해 주고 있다(벧전 3:1-10).

모든 독자는 하나님께 자기 마음을 살피시도록 구할 것이며, 혹시 타인에 대한 쓴 뿌리가 도사리고 있지는 않은지 하나님이 당신에게 보여 주시기를 구해야 한다.

우리는 한결같이 하나님이 기뻐하시는 일을 하고자 소원한다. 다투고 있는 사람과 우리 힘을 다해 화해하고 조화를 이루기 전에는 아예 기도하지 않겠다고 결심하면, 이것은 영적 생활에 막대한 보탬이 될 것이다. 거짓말까지도 우리 힘으로 해결하기 전에 하나님께 기도하는 것은 한갓 쓸데없는 말에 불과하다. 타인에 대한 불친절한 감정도 하나님이 원하시는 은총을 가로막는 장애물이 된다.

사랑하는 생활은 믿음의 기도를 위한 필수 조건이다. 하나님은 오늘 우리가 그분의 무한한 축복을 받기에 합당한 자가 되라고 다시금 도전하신다.

우리 중 많은 사람들은 무자비하고 용서하지 않는 정신을 선택할 것인가, 아니면 주 예수 그리스도의 온유한 자비와 사랑을 선택할 것인가를 결정해야 할 처지에 있다. 이와 같이 두 생각 사이에서 선택하는 곤경에 처하다니 놀랄 일이 아닌가? 쓴 뿌리는 그 생각을 품은 사람에게 가장 많은 해를 입힌다.

"아무에게나 혐의가 있거든 용서하라 그리하여야 하늘에 계신 너희 아버지께서도 너희 허물을 사하여 주시리라"(막 11:25)라고 복되신 주님이 말씀하셨다. 그러므로 용서하든지 기도를 중단하든지 해야 할 것이다. 진정한 기도를 가로막는 사랑 없는 마음을 품고 있다면 그가 기도 시간을 아무리 많이 가진들 무슨 소용이 있겠는가? 우리가 이 진리를 깨닫지 못하는 한, 사탄이 얼마나 조롱하겠는가?

우리가 천사의 말을 하고, 모든 지식을 알고, 모든 믿음이 있고, 또 몸을 불사르게 내어 줄지라도 사랑이 없으면 아무것도 아니라는 하나님의 말씀을 간과할 수 없다.

4. 할 일을 하지 않는 것

이것이 하나님의 응답을 가로막을 수 있다. 사랑은 동서고금을 막론하고 죄악과 고통을 바라볼 때 동정심과 봉사 정신을 불러일으킨다. 마치 바울이 우상이 가득한 도시를 보았을 때 그의 마음에 충동이 일어나 변론한 것과 같다(행 17:16).

우리가 드리는 예물과 기도, 그리고 봉사를 통해 하나님의 나라가 속히 임하도록 행동으로 실천하지 않는다면 "나라가 임하시오며"(마 6:10)라고 진지하게 기도할 수가 없다.

우리가 불신자들을 복음의 능력 아래로 이끌기 위해 그들에게 말씀을 전파하거나 편지를 쓰거나 기타 방법을 강구하지 않는 한, 그들의 회심을 위해 기도할 때 정성을 다한 진지한 기도가 될 수 없다.

무디(Dwight L. Moody)는 어느 전도 집회에 앞서서 하나님께 축복을 간구하는 기도회에 참석했다. 부유한 사람들도 몇 명 거기에 동석했다. 그들 중 한 사람이 하나님께 전도 대회 경비에 충분한 자금을 주실 것을 기도하기 시작했다. 무디는 즉시 그 기도를 중단시켰다. 그는 조용히 입을 열어 "그 점에 대해서 하나님을 괴롭힐 필요가 없습니다. 그 기도에 대한 응답은 우리 힘으로 할 수 있는 일입니다."라고 말했다.

5. 은밀하게만 기도하는 것

은밀하게만 기도하는 것도 응답을 막을 때가 있다. 가정에서 자녀들이 아버지를 항상 은밀하게 만날 필요는 없다. 주님이 합심하여 기도하라고 누누이 말씀하신 것은 특기할 만하다. 즉, 합심 기도를 요구하신다. 기도할 때 '우리 아버지'라고 말하는 것이 좋다.

"두 사람이 땅에서 합심하여 무엇이든지 구하면 하늘에 계신 내 아버지께서 그들을 위하여 이루게 하시리라 두세 사람이 내 이름으로 모인 곳에는 나도 그들 중에 있느니라"(마 18:19-20).

많은 교회들이 영적 생활에 연약성을 보이는 것은 불충분한 기도회로만 유지시키고 있거나 기도를 위한 모임이 없는 데 그 원인이 있다. 우리는 살아 있고 생동력 있는 주간 기도회를 하나만이라도 할 수는 없는 것일까?

6. 찬송의 결핍

찬송도 기도 못지않게 중요하다. "감사함으로 그의 문에 들어가며 찬송함으로 그의 궁정에 들어가서 그에게 감사하며 그의 이름을 송축할지어다"(시 100:4) 해야 한다.

기도하는 하이드는 언젠가 목회하는 가운데 하루에 네 사람씩의 영혼을 양의 우리로 불러 달라고 기도하게 되었다. 어느 날이든 이 목표량에 도달하지 못하면 그의 마음은 무거운 고통에 짓눌렸고 침식을 전폐하곤 하였다. 그러면서 자신에게 무엇이 장애물인지 보여 달라고 기도로 부르짖었다. 그때마다 그는 항상 자기의 생활에 찬송이 결핍되어 있음을 발견하였다. 그는 죄를 고백하고 찬양의 정신을 얻기 위해 기도했다. 그리고 하나님께 찬양을 드렸을 때, 그가 간구한 영혼들이 돌아오곤 했다는 것이다.

그렇다고 해서 우리도 하나님을 숫자나 역사 방법으로 한정시켜야 한다는 것을 암시하지는 않는다. 다만 부르짖어야 한다는 것이다. "기뻐하라! 온 심령과 마음과 영혼으로 하나님께 찬양하라."

우리가 종종 "주 안에서 기뻐하라"(빌 3:1)라는 명령을 받는 것은 우연이 아니다. 하나님은 자녀들이 불행하기를 원하지 않으신다. 그리고 하나님의 자녀들은 아무도 불행할 이유가 없다.

가장 핍박을 많이 받은 사도 바울도 찬송의 사람이었다. 옥중에서나 옥외에서나 항상 그의 입술에서는 찬양의 노래가 흘러나왔다. 그는 밤낮으로 구세주를 찬양했다. 그의 권면의 순서는 의미가 있다.

"항상 기뻐하라 쉬지 말고 기도하라 범사에 감사하라 이것이 그리스도 예수 안에서 너희를 향하신 하나님의 뜻이니라"(살전 5:16-18).

하나님의 뜻을 명심하자. 이것은 취사선택할 문제가 아니다.

기뻐하라! 기도하라! 감사하라!

이것이 당신과 나를 향한 하나님의 뜻에 따른 순서이다. 찬양만큼 하나님을 기쁘시게 하는 것이 없고, 찬양으로 드리는 기도만큼 우리를 복되게 하는 것이 없다.

"또 여호와를 기뻐하라 그가 네 마음의 소원을 네게 이루어 주시리로다"(시 37:4).

고국으로부터 비보를 받은 어느 선교사가 완전히 낙담해 버렸다. 기도도 그의 마음의 어두움을 헤치는 데는 아무 소용이 없었다. 그는 다른 선교사를 찾아갔다. 물론 위로를 얻기 위해서였다. 그런데 그가 찾아간 곳의 벽에 좌우명이 걸려 있었다. "감사에 힘쓰라." 그는 감사하기 시작했다. 순식간에 그림자가 사라지고 다시 나타나지 않았.

기도 응답을 받을 만큼 충분히 찬양하고 있는가? 진실로 하나님을 신뢰한다면 항상 찬양해야 할 것이다.

하나님은 무엇을 행하지도 방치하지도 않으신다.
그러나 그대 스스로가 할 일을 하고 나면
하나님이 하신 모든 결과를 보리라.

온전히 성별하라

어떤 사람이 루터(Martin Luther)가 기도하는 것을 듣고는 "은혜로우신 하나님! 그 말에 어떤 정신과 믿음이 있습니까? 그는 마치 하나님의 존전에 있는 것처럼 경건하게 하나님께 간구합니다. 그러면서도 그는 아버지나 친구에게 말하듯이 확고한 소망과 확신을 가지고 간구합니다."라고 말했다. 그 사람은 기도를 방해하는 것이 있다는 것을 전혀 의식하지 못했던 것 같다. 지금까지의 말은 결국 모든 것이 하나의 주제로 요약될 수 있음을 보여 준다. 즉, 기도에 대한 모든 장애물은 하나님이 그분의 자녀들을 위해 계획하신 거룩한 생활에 대한 하나님의 거룩한 말씀의 교훈을 모르거나, 우리 자신을 하나님 앞에서 온전히 성별하지 못한 데에서 야기된다는 것이다.

우리가 하나님 아버지께 진실한 마음으로 "나 자신과 모든 소유는 당신의 것입니다."라고 말할 수 있을 때, 하나님은 우리에게 "내 것은 모두 네 것이다."라고 말씀하실 수 있다.

무릎으로 산 위대한 그리스도인

루터 Martin Luther 1483-1546

마르틴 루터

"오직 의인은 믿음으로 말미암아 살리라"(롬 1:17)라는 말씀에 의지해, 1517년 당시 세상을 지배하던 로마 가톨릭의 모든 종교적 관행을 뒤집어엎는 『95개조 반박문』(Ninety-five Theses)을 공개함으로써 종교 개혁의 불꽃을 쏘아 올린 마르틴 루터는, 초인적으로 보일 만큼 카리스마를 지닌 개혁가인 동시에 진지하기 이를 데 없는 목회자이자 신학자였다. 또한 개인의 경건 생활에 있어서는 그의 존재 그대로가 그리스도인의 전형적인 모범이 될 만큼 신실한 사람이었다.

무엇보다도 그는 기도의 사람이었다. 그러나 학생들이 자신이 기도하는 골방에까지 들어오는 것은 막았기 때문에 설교와 대화에 비해 기도에 관한 기록은 많이 남아 있지 않다. 전례를 위해 작성한 기도, 교회 관리인용의 기도, 그리고 그가 억류되어 있을 때 그의 방 친구가 엿들었다는 기도 등이 엮어져 있을 뿐이다.

다음의 기도는 루터가 진리를 위하여, 잘못된 시대의 흐름에 역행하기 위하여 얼마나 절절하고 굳은 각오로 목숨까지 걸었는가를 보여 준다.

심연에서 주님께 외치옵니다.
여호와 나의 하나님이여, 내 기도를 들어주시옵소서.
자비로우신 귀를 내게 기울이소서.

『95개조 반박문』을 붙이는 루터

보름스 회의에서의 루터

나를 절망에 두지 마옵소서.
……공포 속에 있는 내게 자비로 역사하사
이 일을 성취하게 하시며 의롭게 인도하여 주옵소서.

주님 안에 내 소망이 있으므로
티끌 같은 내가 내 일을 할 수 있사오니
나는 허황된 곳에 나를 세우지 않고
다만 주님의 말씀과 진실한 믿음에서 나를 세우나이다.
주님의 보호로 나는 성취하고 있습니다.
주님은 나의 반석이요 방패시니 내가 기다리는 구원이십니다.

우리의 죄악과 모욕의 상처가 클지라도
또한 낙망과 심연의 어두움이 대단하다 할지라도
주님의 구원은 자비하사 못함이 없으시고
주님은 충만하신 사랑으로 우리를 인도하시니
죄악과 슬픔에서 벗어나는 이스라엘을 누가 막으리이까?
선한 목자 되신 주님의 이름으로 기도합니다. 아멘.

누구나 기도할 수 있다.
그러나 성경은 그렇게 말하지 않는다.
하나님의 자녀들만이
진실로 하나님께 기도할 수 있다.
하나님의 아들만이 그분의 존전에 나아갈 수 있다.

12

Who May Pray?

누가
기도할 수
있는가?

누구에게나 허락된 것인가?

2세기 전 옥스퍼드 대학교 학생 여섯 명이 제적을 당한 바 있다. 그 이유는 단지 각자의 방으로 돌아가면서 즉흥적으로 기도회를 가졌다는 것이었다. 이에 대해 조지 휘트필드(George Whitefield)는 부총장에게 편지를 보내어 "즉흥적으로 기도한 것 때문에 몇몇 학생이 제적되었다면, 즉흥적으로 맹세를 하는 일부 학생들도 제적시키는 것이 바람직합니다."라고 말했다.

하나님께 감사하자. 오늘날 우리 나라에는 기도를 막는 사람이 없다. 누구든지 기도할 수 있다.

그러나 과연 모든 사람이 다 기도할 권리가 있는가? 하나님은 모든 사람의 기도를 들으시는가? 누가 기도할 수 있는가? 기도는 모든 사람에게 주어진 하나의 특전, 특권인가?

Who May Pray?

영국에서는 모든 사람이 다 왕을 접견할 권리를 주장할 수 없다. 그러나 어떤 특정인이나 단체는 왕을 가까이 대면할 특권을 가지고 있다.

수상에게 이런 특권이 있고, 옛 런던시 자치 기관은 항시 왕 앞에 소원을 진정할 수 있었다. 또한 외국 대사도 동일한 특권이 있었다. 그런 사람만이 자신 있게 왕궁의 문을 통과할 수 있었으며, 그와 왕 사이에는 여하한 세력도 개입할 수 없었다. 그는 즉각 왕 앞에 나아가 그의 소원을 아뢸 수 있었다.

그러나 이런 사람들 중 아무도 왕의 친자식처럼 왕을 쉽게 대면하거나 환영받지는 못했다.

왕 중의 왕이 계신다. 그분은 우리 모두의 하나님 아버지이시다.

누가 그분에게 나아갈 수 있는가? 누가 이런 특권과 권세를 누릴 수 있는가?

극한 무신론자들에게도 기도는 항상 잠재하고 있다는 말을 듣는데 이 말은 상당한 진리를 내포하고 있다. 이 경우 언제든지 기도할 권리가 있을까? 어떤 종교에서는 기도가 제한되어 있다.

힌두교의 속박 아래 살고 있는 인도에서는 브라만 계급 외에는 기도할 권리가 없다. 기타 계급에서는 백만장자라도 브라만 계급에 속한 사람에게, 그 사람이 소년 학생일지라도 자기의 기도를 부탁해야 한다.

이슬람교도들은 몇 구절의 아라비아 말을 배우지 않으면 기도할 수 없다. 그 이유는 그들의 신은 거룩한 언어로 기도할 때만 듣기 때문이다.

하나님을 찬양하자. 우리와 하나님 사이에는 계급이나 언어의 제한이 없다. 그러므로 누구든지 하나님 앞에서 기도할 수 있다.

하나님의 자녀에게만 주어진 특권

그렇다. 누구나 기도할 수 있다. 그러나 성경은 그렇게 말하지 않는다. 하나님의 자녀들만이 진실로 하나님께 기도할 수 있다. 하나님의 아들만이 그분의 존전에 나아갈 수 있다. 누구든지 하나님께 도움, 즉 용서와 자비를 청할 수 있다는 것은 영광스러운 진리다. 그러나 그것을 기도라고 하기에는 약하다.

기도는 그 이상의 것이다. 기도는 지존자의 은밀한 곳에 들어가 전능자의 그늘 아래 거하는 것이다(시 91:1). 기도는 우리의 소원과 요구들을 하나님께 알리고 믿음의 손을 뻗쳐서 하나님의 선물을 취해 오는 것이다.

기도는 성령이 우리 안에 거하시는 결과이며 하나님과의 교제이다. 그러나 왕과 반역자 사이에는 교제가 있을 수 없다. 빛과 어둠이 어떻게 서로 사귈 수 있겠는가?(고후 6:14)

우리 자신에게는 기도할 권리가 없다. 다만 주 예수 그리스도를 통해서만 하나님께 나아갈 수 있는 것이다(엡 2:18, 3:12).

기도는 물에 빠진 사람이 부르짖는 그 이상의 것이다. 즉, 죄악의 소용돌이 속에 빠져 가는 사람이 "주여, 저를 구원하소서! 저는 길을 잃었습니다. 망했습니다. 저를 사하여 주소서! 구원하소서!"라고 부르짖는 것 이상의 것이다.

이런 기도는 누구든지 할 수 있다. 이런 기도는 진심으로 하기만 하면 반드시 응답받으며, 결코 응답이 지체되지 않는다. 왜냐하면 인간이 원하면 하나님이 그를 버려두지 않으시기 때문이다.

그러나 이런 기도는 성경이 말하는 기도는 아니다. 사자들마저도 먹이를 쫓아가면서 으르렁거리며 하나님께 먹이를 구한다. 그러나 그것은 기도가 아니다.

주님은 "구하는 이마다 받을 것이요"(마 7:8)라고 말씀하셨다. 이 말씀은 누구에게 하신 것인가? 제자들에게 하신 말씀이다(마 5:1-2). 그렇다. 기도는 하나님과의 교제요, 어떤 이가 말한 바와 같이 영혼의 가정생활이다. 성령이 마음속에 거하지 않으시고서야, 우리가 아들을 영접하여 하나님의 자녀라 불릴 수 있는 자격을 가지지 않고서야, 어떻게 하나님과 조그만 교제라도 이루어지겠는가?

기도는 자녀의 특권이다. 하나님의 자녀만이 하나님이 사랑하는 자들을 위해 예비하신 것을 달라고 주장할 수 있다. 주님은 하나님을 '우리 아버지'라고 부르라고 말씀해 주셨다. 반드시 자녀들만이 '우리 아버지'라는 말을 사용할 수 있는 것이다.

사도 바울은 "너희가 아들이므로 하나님이 그 아들의 영을 우리 마음 가운데 보내사 아빠 아버지라 부르게 하셨느니라"(갈 4:6)라고 했다.

하나님이 욥의 위안자들에 대해서 "그런즉 너희는 수소 일곱과 숫양 일곱을 가지고 내 종 욥에게 가서 너희를 위하여 번제를 드리라 내 종 욥이 너희를 위하여 기도할 것인즉 내가 그를 기쁘게 받으리니"(욥 42:8)라고 말씀하신 것이 하나님의 심정이 아니겠는가? 이 말씀은 그들이 기도 문제에 있어서 하나님께 받아들여지지 않은 것처럼 여겨진다. 그러나 하나님의 자녀가 되는 순간 바로 기도의 학교에 입학하게 된다.

"주께서 이르시되 일어나 직가라 하는 거리로 가서 유다의 집에서 다소 사람 사울이라 하는 사람을 찾으라 그가 기도하는 중이니라"(행 9:11).

하나님의 자녀란?

하나님께 돌아온 자들은 누구든지 기도할 수 있고 또 기도해야만 한다. 각자는 자신을 위해서 기도하고 물론 다른 사람을 위해서도 기도해야 한다.

그러나 우리가 하나님을 아버지라고 진실한 마음으로 부르기 전에는 자녀로서, 아들로서, 하나님의 상속자로서, 그리고 그리스도의 후사로서 대우받기를 주장할 수 없다. 이런 일이 어렵다고 생각하는가? 너무나 당연한 일이 아닌가? 자녀에게 그런 특권이 없겠는가?

나의 의도를 잘 이해하기 바란다. 하나님의 뜻은 누구를 천국 문 밖으로 밀어내는 것이 아니다. 누구든지 또한 어디서든지 "하나님이여, 이 죄인을 긍휼히 여기소서!"라고 부르짖을 수 있다. 그리스도의 울타리 밖에 있고 하나님의 가족이 아닌 사람은 아무리 악한 사람일지라도, 또는 아무리 스스로 선하다고 생각하는 사람일지라도, 이 순간 이 말을 읽고 하나님의 자녀가 될 수 있다. 누구든지 믿음으로 그리스도를 바라보면 되는 것이다.

보라! 그리하면 살리라!

하나님은 관찰하라고까지 요구하지 않으신다. 다만 눈만 돌리라는 것이다. 얼굴을 하나님께 돌리라!

갈라디아 교인들이 어떻게 하나님의 자녀가 되었는가? 그리스도를 믿음으로 가능했다.

"너희가 다 믿음으로 말미암아 그리스도 예수 안에서 하나님의 아들이 되었으니"(갈 3:26).

그리스도께서는 누구든지 진실한 회개와 믿음으로 자기에게 돌아오는 자를 바로 양자로 삼으시고 그분의 은혜로 하나님의 자녀가 되게 하신다. 비록 하나님의 섭리라 할지라도 그분의 자녀가 되기 전에는 결코 그것을 요구할 권리가 없다. 우리는 "여호와는 나의 목자시니"라고 자신 있게 말하기 전에는 "내게 부족함이 없으리로다"라는 말을 자신 있게 할 수 없다(시 23:1).

그러나 자녀는 아버지의 관심과 사랑과 보호와 공급을 받을 권리가 있다. 자녀는 그 가정에서 태어남으로 그 가정의 일원이 된다. 우리도 '거듭남'으로써, 즉 '위로부터 남'으로써 하나님의 자녀가 된다(요 3:3, 5). 이것은 주 예수 그리스도를 믿음으로 이루어진다(요 3:16).

불신자의 기도도 들으실까?

이렇게 장황하게 말하는 것은 기도할 수 있는 권리를 소유하지 못한 사람들, 즉 하나님의 자녀가 아닌 사람들이나 하나님의 존재를 부인하는 사람들의 기도도 하나님이 듣고 응답하신다는 성급한 말을 하는 데 대해 경고하려는 것이다. 또 한편으로는 기도에 전적으로 실패하는 사람들에게 설명해 주려는 것이다.

불신자들이 고침 받기 위해 주님께 나아왔을 때, 주님은 결코 그들이 열망하는 축복을 외면하고 돌려보내지 않으셨다. 그들은 '구걸하는 자'로 왔지 '자녀'로서 나아온 것은 아니다. 물론 자녀에게 먼저 먹이겠지만 구걸하는 이들도 부스러기를 받게 된다. 이와 같이 하나님은 자비를 구하는 불신자의 부르짖음도 가끔 들으시기도 한다. 내가 잘 아는 사람의 경우를 실례로 들어 보겠다.

그는 다년간 무신론자였다. 그는 하나님을 믿지 않으면서도 음악에 취미가 있어서 교회 성가대에서 40년 동안 노래했다. 그의 늙은 부친이 심한 병환으로 2-3년 전부터 앓아눕게 되었다. 의사들은 그의 병을 고칠 수 없었다. 부친 때문에 몹시 괴로워한 나머지 이 불신 성가대원은 무릎을 꿇고 "오, 하나님, 하나님이 계신다면 내게 당신의 능력을 보이셔서 아버지의 고통을 거두어 가소서!" 하고 부르짖었다.

마침내 하나님은 그의 부르짖음을 들으시고 즉각 그 고통을 거두어 가셨다. 그 무신론자는 하나님께 찬송을 드리고 급히 그의 목사님을 찾아가 구원의 길을 물어보았다. 지금 그는 새로이 발견한 구주 예수님을 위해 모든 시간을 들여 일하고 있으며, 그리스도를 위해 철저히 봉사하고 있다. 그렇다. 하나님은 약속보다 크시며 우리가 기도하는 것 이상을 기꺼이 주신다.

불신자의 입에서 나온 기도 중에 가장 충격적인 것은 아마 『그리스도 우리의 모범』(*Christ Our Example*)이라는 책의 저자인 캐롤라인 프라이(Caroline Fry)의 기도일 것이다. 그녀는 미모와 부와 지위를 갖추고 친구들도 있었지만, 그 모든 것이 그녀에게는 만족을 줄 수 없었다. 결국 자신의 비참함을 깨닫고 하나님을 찾았다. 그런데 그녀가 하나님께 올리는 첫마디는 완전히 반역적이고 증오에 찬 표현이었다.

이 말을 들어 보자. 이것은 하나님의 자녀가 드리는 기도가 아니다.

오, 하나님! 당신이 하나님이라면 나는 당신을 사랑하지 않겠습니다. 나는 당신 같은 분을 원하지 않습니다. 당신에게 있다는 행복도 믿지 않습니다. 그러나 나는 이처럼 불행합니다. 내가 구하지 않는 것을 주십시오. 내가 원하지 않는 것을 주십시오. 만일 하실 수 있거든 나를 행복하게 하소서. 나는 이처럼 불행합니다. 이미 이 세상에서 지쳤습니다. 이보다 더 나은 무엇이 있다면 그것을 주소서.

이것이 무슨 기도인가? 그러나 하나님은 들으시고 응답하셨다. 하나님은 방황하는 그녀를 용서하시고 밝은 행복 가운데 사역의 영광스러운 열매를 맺게 하셨다.

미개인의 가슴속에도
열망과 갈급과 애절함이 있어
알지 못하는 선을 찾나니
연약한 손 외로이 들고
무작정 흑암을 더듬어
거기서 하나님의 오른손을 붙잡고
건짐 받아 새 힘을 얻는구나.

일단 부르짖으라

이제 문제를 약간 바꾸어 누가 기도할 권리가 있느냐고 묻는다면, 오직 성령이 내주하시는 하나님의 자녀뿐이라고 해야 할 것이다. 그러나 누구든지 하나님의 자녀로서 마땅히 살아야 할 삶을 살지 않으면 하늘에 계신 아버지 앞에 담대히 나아갈 수 없다.

어떤 아버지든지 잘못하는 자녀에게 함부로 은총을 낭비하지 않는다. 신실하고 정한 아들만이 성령으로 기도할 수 있고 또 이해하면서 기도할 수 있다(고전 14:15).

그러나 우리가 하나님의 자녀라도 죄는 우리의 기도를 가로막는다. 그분의 자녀인 우리는 언제 어디서든 하나님께 나아갈 권리가 있다. 그리고 어떠한 형태로 기도하든 잘 알아들으신다.

우리는 사도 바울처럼 감사와 간구와 찬송을 물 흐르듯 쏟아부을 수 있는 놀라운 구변의 은사를 받을 수 있다. 또한 요한과 같이 고요하고 심원하며 사랑 어린 교제도 할 수 있다. 명철한 학자인 존 웨슬리(John Wesley)와 겸손한 구두 수선업자인 윌리엄 캐리(William Carey) 같은 이들도 은혜의 보좌 앞에 자유자재로 드나들었다.

하나님의 나라에서는 출생이나 명민함이나 업적에 따라 평가하는 것이 아니고, 다만 왕의 아들에 대한 겸손하고 전적인 신뢰 여하에 따라 평가한다.

무디(Dwight L. Moody)는 그의 기적적인 성공이 자기도 잘 모르는 연약한 한 여자의 기도 덕분이라고 말한다. 그리고 실로 영국의 연약한 성도들의 기도가 급속한 부흥을 가져올 수 있었다고 한다. 입이 닫힌 자여, 모두 입을 열고 부르짖으라!

혹시 어떤 사람들은 기도의 은사를 받아서 기도를 많이 한다고 오해하고 있지 않은가?

한 똑똑한 케임브리지 대학교 학생이 내게 다음과 같이 물었다. "기도 생활은 극소수의 사람들만이 소유하는 은사가 아닙니까?" 그리고 그는 "모든 사람이 다 음악에 재능이 있는 것이 아니듯이, 모든 사람이 다 기도할 수 있다고 기대할 수는 없지 않을까요?"라고 덧붙였다.

조지 뮐러(George Müller)는 기도의 은사를 받았기 때문에 기도의 사람이 된 것이 아니다. 그가 기도했기 때문에 기도의 사람이 된 것이다. 말을 잘 못하는 사람들은, 하나님이 모세에게 말 잘하는 아론이 있지 않느냐고 독려하신 것을 기억하고, 말을 잘하는 사람을 중재로 하여 은밀한 가운데서 열심히 노력하면 된다.

비록 하나님이 은혜로우셔서 가끔 믿음 이상의 것을 주신다 할지라도, 기도에 있어서 하나님과 함께 위대한 능력을 발휘하자면 위대한 믿음을 소유하지 않으면 안 된다.

헨리 마틴(Henry Martyn)은 기도의 사람이었지만, 그의 믿음과 기도는 일치하지 않았다. 그는 브라만 교도가 그리스도께로 회심하고 돌아오는 것은 죽은 자 가운데서 사람이 살아나기를 기대하는 것과 다름없다고 하였다. 사도 야고보는 "이런 사람은 무엇이든지 주께 얻기를 생각하지 말라"(약 1:7)라고 하지 않을까?

헨리 마틴은 한 사람의 브라만 교도도 그리스도를 구주로 모시고 회심하는 것을 보지 못하고 죽었다. 그는 날이면 날마다 남이 가지 않는 탑을 찾아가서 은밀히 기도하곤 했다. 그러나 그는 브라만 교도가 회심하리라고는 믿지 못했다.

몇 달 전, 인도, 미얀마, 스리랑카 전역에서 온 브라만 교도들과 이슬람교도들이 바로 이 탑에서 무릎을 꿇었다. 이제 이들은 같이 동행하는 그리스도인이다. 다른 사람들은 헨리 마틴보다 더 큰 믿음을 가지고 기도했다.

전심전력을 다하여 기도하라

누가 기도할 수 있는가?

우리가 기도할 수 있다.

그러나 정말 할 수 있을까?

주님은 처음 "지금까지는 너희가 내 이름으로 아무것도 구하지 아니하였으나 구하라 그리하면 받으리니 너희 기쁨이 충만하리라"(요 16:24)라고 말씀하실 때보다 지금 더 큰 연민과 관용으로 우리를 바라보고 계시지 않겠는가?

주님이 그분의 사역을 능력 있게 행하시는 데 기도를 의존하셨다면 우리는 얼마나 더 많이 기도해야 하겠는가? 주님도 때때로 심한 통곡과 눈물로 기도하셨다(히 5:7). 우리는 그렇게 하고 있는가? 기도의 눈물을 흘린 적이 있는가? "우리를 소생하게 하소서 우리가 주의 이름을 부르리이다"(시 80:18)라고 부르짖을 수 있는가?

사도 바울이 "네 속에 있는 하나님의 은사를 다시 불일 듯하게 하기 위하여"(딤후 1:6)라고 디모데에게 한 권고를 우리 모두에게도 적용시키는 것은 당연할 것이다. 왜냐하면 성령은 우리의 기도를 도우시기 때문이다.

우리는 진정한 필요를 기도로 표현할 능력이 없다. 성령이 우리를 위해 이것을 하신다. 우리는 마땅히 구할 것을 구할 수 없다. 성령의 도움을 받지 않으면 자기에게 해가 되는 것을 구할 수도 있다.

성령이 이것을 억제하실 수 있다. 연약하고 떨리는 손으로는 감히 전능하신 능력을 움직일 수 없다. 감히 우주를 움직이시는 권능의 그 손을 내가 움직일 수 있을까? 할 수 없다. 성령이 나를 지배하기 전에는 불가능하다.

그렇다. 기도하기 위해서는 하나님의 도움이 필요하다. 그리고 우리는 이미 그 도움을 소유하고 있다. 성삼위 하나님은 기도를 기뻐하신다. 성부 하나님은 귀를 기울이시고, 성령 하나님은 인도하시며, 영원한 성자 하나님은 간구를 드리시니 자신이 중보가 되셔서 우리에게 응답을 가져다주신다.

기도는 우리가 누리는 최고의 특권이며 가장 중대한 책임이고, 하나님이 우리 손에 주신 가장 위대한 능력임에 틀림없다. 기도, 진실한 기도는 하나님의 피조물들이 할 수 있는 가장 고상하고 탁월하며 장엄한 행위이다.

영국의 시인이자 평론가인 새뮤얼 테일러 콜리지(Samuel Taylor Coleridge)는 이렇게 말한 바 있다.

기도는 인류가 가질 수 있는 최고의 능력이다.

전심전력을 다하여 기도하는 것은 그리스도인들의 지상 전투에 있어서 최후, 최대의 업적이다.

주여, 우리에게 기도를 가르치소서!

무릎으로 산 위대한 그리스도인

조지 휘트필드 George Whitefield 1714-1770

조지 휘트필드

조지 휘트필드는 18세기 영국 대각성 운동의 주역이었고, 칼뱅주의 부흥을 이끌었던 주인공이며, 바울 사도 이후 가장 위대한 전도자, 설교자로 불리는 인물 가운데 하나였다.

그는 옥스퍼드 대학교에서 수학할 당시 홀리 클럽 활동을 통해 웨슬리(Wesley) 형제와 친목을 다졌고 보다 진지하게 거룩한 신앙의 삶을 꿈꾸게 되었다. 1735년 진정한 회심을 경험한 그는 졸업 후 고향 교회에서 목회를 시작했는데, 1736년 그가 외쳤던 첫 설교는 그곳에 참석한 사람들에게 놀라운 영적 감동을 불러일으켰다. 이후로 그는 세상을 떠날 때까지 30년이 넘는 세월 동안 복음에 대한 변하지 않는 열정을 안고 하루에 서너 번씩 설교하는 일을 멈추지 않았다.

그는 웨일스와 스코틀랜드를 포함하여 영국 전역을 누비고 다니며 설교를 하였고, 일곱 차례나 미국을 방문하기도 하였다. 뜨거운 영성에 기초한 그의 설교는 엄청난 능력으로 사람들에게 다가갔고 막대한 영향력을 끼쳤다. 인간 내면의 어두운 부분을 얼마나 잘 들추어냈던지 그의 설교를 들으면서 영혼의 고뇌를 느끼지 않는 이는 거의 없을 지경이었다. "거듭나야 한다."라는 그의 피맺힌 외침은 수많은 심령들을 주님의 거룩한 백성으로 돌이켰고 결국 미국 대각성 운동을 불러일으키는 힘이 되기도 했다.

휘트필드의 야외 설교

회중 설교의 대가, 휘트필드

조지 휘트필드는 자신의 삶에서도 엄격한 태도를 고수했는데, 하루를 식사와 수면 여덟 시간, 기도, 방문, 교리 공부를 위한 여덟 시간, 연구와 묵상을 위한 여덟 시간으로 세 등분해서 사용할 정도로 철저하였다. 그가 매일 밤 점검했던 목록을 보면 얼마나 빈틈없이 자기를 관리했는지를 알 수 있다.

나는 개인 기도 시간에 뜨겁게 기도했는가?
정해진 기도의 시간을 지켰는가?
모든 대화나 행동을 하기 전에 하나님의 영광을 추구했는가?
어떤 기쁨 후에 즉시 감사했는가?
하루의 일을 계획 가운데 진행했는가?
모든 면에서 검소하고 침착했는가?
무슨 일을 행할 때 열심히 혹은 힘 있게 했는가?
말하고 행동하는 모든 면에서 온화하고 상냥하고 친절했는가?
거만하거나 허영을 일삼거나 난잡하거나 시기하지 않았는가?
모든 죄를 고백했는가?

사명선언문

너희가 흠이 없고 순전하여……세상에서 그들 가운데 빛들로
나타내며 생명의 말씀을 밝혀 _ 빌 2:15-16

1. 생명을 담겠습니다
만드는 책에 주님 주신 생명을 담겠습니다.
그 책으로 복음을 선포하겠습니다.

2. 말씀을 밝히겠습니다
생명의 근본은 말씀입니다.
말씀을 밝혀 성도와 교회의 성장을 돕겠습니다.

3. 빛이 되겠습니다
시대와 영혼의 어두움을 밝혀 주님 앞으로 이끄는
빛이 되는 책을 만들겠습니다.

4. 순전히 행하겠습니다
책을 만들고 전하는 일과 경영하는 일에 부끄러움이 없는
정직함으로 행하겠습니다.

5. 끝까지 전파하겠습니다
모든 사람에게, 땅 끝까지, 주님 오시는 그날까지
복음을 전하는 사명을 다하겠습니다.

서점 안내

광화문점　서울시 종로구 새문안로 69 구세군회관 1층
　　　　　　02)737-2288 / 02)737-4623(F)

강남점　　서울시 서초구 신반포로 177 반포쇼핑타운 3동 2층
　　　　　　02)595-1211 / 02)595-3549(F)

구로점　　서울시 동작구 시흥대로 602, 3층 302호
　　　　　　02)858-8744 / 02)838-0653(F)

노원점　　서울시 노원구 동일로 1366 삼봉빌딩 지하 1층
　　　　　　02)938-7979 / 02)3391-6169(F)

일산점　　경기도 고양시 일산서구 중앙로 1391 레이크타운 지하 1층
　　　　　　031)916-8787 / 031)916-8788(F)

의정부점　경기도 의정부시 청사로47번길 12 성산타워 3층
　　　　　　031)845-0600 / 031)852-6930(F)

인터넷서점　www.lifebook.co.kr